KB141982

오늘도 냉철한 두뇌와 뜨거운 열정으로
비즈니스의 지평을 열어가는 당신께 드립니다.

_____님께

_____드림

💡 BUSINESS THINKING 💡

KATSUMA KAZUYO NO BUSINESS ATAMA O TSUKURU
7 TSUNO FRAMEWORK RYOKU
: BUSINESS SHIKOHO NO KIHON TO JISSEN

by Kazuyo Katsuma
Copyright ⓒ 2008 by Kazuyo Katsuma

Original Japanese edition publishing by Discover 21, Inc., Tokyo, Japan
Korean translation rights arranged with Discover 21, Inc.
through InterRights, Inc., Tokyo and PLS Agency, SEOUL.
Korean translation edition ⓒ 2009 by Sam&Pakers

비즈니스

BUSINESS THINKING

사고력

카츠마 카즈요 지음 | 이선미 옮김

쌤앤파커스

프로페셔널의 조건 1

비즈니스 사고력

2009년 9월 15일 초판 1쇄 발행
지은이 · 카츠마 카즈요 | 옮긴이 · 이선미

펴낸이 · 박시형
책임편집 · 권정희 | 표지 디자인 · 서혜정 | 본문 디자인 · 윤안나

경영총괄 이사 · 이준혁 | 기획편집 실장 · 이은정
디자인 · 김애숙, 백주영, 서혜정, 윤안나 | 출판기획 · 고아라, 김이령
마케팅 · 권금숙, 김명래, 김석원, 김영민
경영지원 · 김상현, 이연정
펴낸곳 · (주)에스에이엠티유 | 출판신고 · 2006년 9월 25일 제313-2006-000210호
주소 · 서울시 마포구 동교동 203-2 신원빌딩 2층
전화 · 02-3140-4600 | 팩스 · 02-3140-4606 | 이메일 · info@smpk.co.kr

ⓒ 카츠마 카즈요 (저작권자와 맺은 특약에 따라 검인을 생략합니다)
ISBN 978-89-92647-75-5 (03320)
        978-89-92647-74-8 (세트)

쌤앤파커스(Sam&Parkers)는 독자 여러분의 책에 관한 아이디어와 원고 투고를 설레는 마음으로 기다리고 있습니다. 책으로 엮기를 원하는 아이디어가 있으신 분은 이메일 book@smpk.co.kr로 간단한 개요와 취지, 연락처 등을 보내주세요. 머뭇거리지 말고 문을 두드리세요. 길이 열립니다.

비즈니스에 최적화된 두뇌를 만들어라

어느 회사에서든 직원들이 며칠씩 쩔쩔매는 사안에 대해 너무 쉽고도 멋지게 대안을 내놓는 사람이 있다. 때로는 연륜이 풍부한 사장이나 본부장이 해법을 제시하기도 하고, 때로는 갓 입사한 신입직원이 톡톡 튀는 신선한 아이디어를 내놓기도 한다. 연륜 덕분이든, 비상한 두뇌 덕분이든, 이들의 '활약'을 지켜보는 동료, 후배들의 마음은 한결같을 것이다.

'저 사람은 어떻게 저런 생각을 해낼까?'

'어떻게 하면 나도 저렇게 획기적인 안을 낼 수 있을까?'

마음이 급한 누군가는 아이디어 발상법을 다룬 책을 읽거나 광고기획사에서 발간하는 트렌드 보고서를 뒤지며 '근사한 한 방'을 터뜨리려 고심할 것이다. 그러나 애석하게도, '근사한 한 방'은 단편적인 정보로는 만들어지지 않는다. 정작 중요한 '한 방'은 최신정보보다는 그것을 모아서 새롭게 조직하는 능력, 즉 당신의 머리를 움직이는 사고력에서 나온다.

즉 기존의 것에서 새로운 '부가가치'를 창출하는 사고력, 말하자면 '비즈니스 사고력'이 있어야 한다는 말이다.

이 책은 바로 그러한 비즈니스 사고력을 연마하는 방법을 다룬다. '비즈니스에 최적화된 두뇌'를 만들어 비즈니스 사고력을 높이는 것, 이것이 이 책을 읽는 목적이다.

그렇다면 비즈니스 사고력이란 과연 무엇인가? 일상생활에 필요한 사고력과는 무엇이 다르기에 굳이 '비즈니스 사고력'이라 특화하는가?

이 책에서 정의하는 '비즈니스 사고력'은 다음과 같다.

'비즈니스에 도움이 되면서 남보다 한발 앞서가기 위해 기본적이지만 반드시 필요한 사고방식.'

요컨대 장기로 치면 정석이라 할 수 있고, 컴퓨터로 치자면 OS(Operating System)와도 같은 것이다.

비즈니스맨의 업무를 살펴보면 일상적으로 정보를 수집하여 분석하는 것에서부터 새로운 상품 아이디어를 고안하고 산적한 문제를 해결하는 등, 개인의 '창발적 사고'를 요구하는 영역이 많다. 이 과정에서 '알고 있으면 편리한 기본적인 사고방식과 발상의 테크닉'이 바로 이 책에서 다루는 비즈니스 사고력이다.

이러한 테크닉은 알고 보면 매우 쉽지만, 모르면 '콜럼버스의 달걀'과도 같은 것들이 많다. 즉 모르는 사람은 죽었다 깨도 유추해내지 못하는 사고법이라는 말이다. 내가 자주 예로 드는 '하늘·비·우산'의 프레임워크로 설명해보자. 사람들은 '하늘'이라는 '사실'을 보고, '비'가 올 것 같다고 '판단'하여, '우산'을 들고 가기로 '결정'한다. 너무 상식적인 사고과정인가? 그러나 서너 살짜리 어린아이들은 이런 당연한 결론을 끌어내지 못한다. '하늘·비·우산'의 연관성이 머릿속에 정립되지 않았기 때문이다.

비즈니스 사고력도 이와 다르지 않다. 사고력을 갖춘 사람에게는 자연스러운 추론 과정이지만, 일반인에게는 어떻게 A라는 정보가 B라는 결과(output)로 환골탈태하는지 알 수 없는 능력. 당신과 동료의 능력을 가르는 결정적 차이, 이것이 바로 '비즈니스 사고력'이다.

그런데 안타깝게도 비즈니스 사고력은 배우기가 쉽지 않다. 시중에 소개된 책은 너무 어려운 전문서적이거나, 지나치게 지엽적인 기법을 과대 포장한 경우가 많아 되레 실망만 한다. 과거에 내가 그랬고, 아마 이 책을 집어든 당신도 비슷한 경험을 했을 것이다. 그래서 나는 가능한 한 '너무 어렵지도 않고 너무 가볍지도 않은' 책을 쓰려고 노력했다. 당신이 이 책을 다 읽고 나서 '나도 내일부터 이렇게 해봐야지!'라고 생각하게 되는 것이 나의 소박한 목표다.

이 책에는 그동안 굴지의 컨설팅 기업이나 전문가가 개발해 그 타당성이 입증된 다양한 사고법이 소개돼 있다. 그저 '잘 배우는' 것을 넘어 자신의 머리로 사고하는 훈련을 받고자 하는 능동적인 독자라면, 이 책이 훌륭한 가이드가 되리라 감히 약속한다.

요즘에는 IT 기기의 도움을 받아서 추론하거나 결론을 도출하는 경우도 적지 않은데, 이 책에서는 생각하는 힘의 기본기에 무게중심을 두기 위해 순전히 '머리'로만 생각하는 사고법에 중점을 두었다. 물론 독자에 따라서는 새롭게 느껴지지 않거나 이미 알고 있는 내용이 포함되어 있을 수도 있다. 그러나 예전에 사고법을 배웠던 분들도 이 책을 읽고 나면, 지금까지 막연하게만 알고 있던 것들을 이제는 '무기로 활용할 수 있겠다'라고 확신할 수 있으리라 기대해본다.

이 책을 쓰는 나도 처음부터 비즈니스 사고법에 능통했던 것은 아니다. 대학을 졸업할 당시 내 토익 점수는 420점이었다. 한마디로 공부를 열심히 하지도, 타고난 머리가 썩 좋지도 않은 평범한 사람이었다는 말이다. 하지만 그 후로 많은 노력을 기울여 나만의 비즈니스 사고법을 단련할 수 있었다. 특히 아서앤더슨 (Arthur Andersen), JP모건(JP Morgan), 맥킨지(McKinsey) 등 비즈니스 사고력을 무기로 삼는 컨설팅 기업에서 근무한 경험이 큰 도움이 됐다. 회사를 그만두고 독립한 지금도 나는 각종 정보를 입수한 다음, 생각을 가다듬어서 주식 리포트나 책 등의 형태로 '아웃풋'을 만들어내는 데 공을 들이고 있다. 이 책 또한 그러한 노력의 소산이다. 본문에는 가끔씩 내가 책을 집필하면서 겪었던 에피소드가 등장하는데, 이를 통해 비즈니스 사고력이 실제로 어떻게 적용되는지 생생하게 살펴볼 수 있을 것이다.

이제 본격적으로 비즈니스 사고법에 대해 알아보도록 하자. 이 책을 다 읽고 나서 '지금부터 비즈니스 사고법을 써먹어봐야지' 하는 용기와 희망이 생기기를 기대하면서 시작하겠다. 그런 마음이 생기면, 바라건대 지체 없이 실행에 옮기기 바란다. 직장에서든, 사업에서든, 일상생활에서든 상관없다. 비즈니스 사고력을 단련하는 데 '가설 설정→실행→검증'의 프로세스를 반복하는 것만큼 효과적인 것도 없다.

카츠마 카즈요

| CONTENTS |

CHAPTER

1

왜 비즈니스 사고력이
필요한가

평 가

지적체력

세렌디피티

통 합

언어능력

숫자사고력

시각화능력

분 석

수평사고력

논리사고력

응 용

이 해

지 식

B U S I N E S S   T H I N K I N G

BUSINESS THINKING

한정된 자원으로 최대의 가치를 창출하는
비즈니스 사고력

나는 비즈니스 사고력을 다음 5가지 범주에 의거해 정의한다.

① 비즈니스 현장을 중심으로

② 한정된 정보와 한정된 시간 속에서

③ 적절한 추론과 판단을 하고

④ 적절한 행동을 취함으로써

⑤ 보다 높은 부가가치를 창출하는 능력

다소 어렵게 들릴 수도 있지만, 요점은 간단하다. 비즈니스 사고력은 '효율적으로 일함으로써 확실한 결과물을 내서 더 높은 소득을 올리는 사고법'이다. 즉 시간을 잘 활용하면서 다른 사람들보다 높은 부가가치를 만들어내기 위한 사고법을 말한다.

이때 명심할 것이 있다. 비즈니스 사고력은 어디까지나 즐겁게 일하기 위해 단련하는 것이지, 비즈니스 사고력을 갈고닦는 것 자체가 목적이 되어서는 안 된다는 것이다(그런 경우를 '본말이 전도되었다'고 하는데, 애석하게도 우리 주변에는 그런 사람들이 꼭 있다).

그러면 지금부터 각각의 범주에 대해 좀 더 자세히 살펴보자.

① 비즈니스 현장

비즈니스 사고력은 일차적으로 비즈니스 활동에 초점이 맞춰져 있다. 그렇다면 비즈니스 활동이란 무엇인가? 사람에 따라 무수한 대답이 나올 수도 있겠지만, 가장 중요한 특징은 '의미 있는 결과'를 만들어내는 것이다. 아무리 의도가 좋았다 하더라도, 결과가 시원찮으면 비즈니스로서의 가치는 '꽝'이다. 그러므로 비즈니스 사고력 또한 '결과 지향적'인 특징을 띠어야만 한다.

물론 이 책에 소개된 사고법이 반드시 비즈니스 현장에서만 쓸모 있는 것은 아니다. 뒤에서 자세히 살펴보겠지만, 비즈니스 사고력을 응용하면 업무성과 향상이나 연봉인상뿐 아니라 일상의 문제도 적절히 해결할 수 있다.

예를 들어 냉장고를 구입할 때 고려하는 것들, 즉 제품 선정 기준은 어떻게 할 것인가, 그것을 사고 난 후 무엇을 절약해야 하는가 등은 대부분 비즈니스 사고에 해당한다. 어느 제품이 유지비를 비롯한 총비용 면에서 더 유리한가, 어떻게 관리하면 식재료를 잘 보관해 음식물쓰레기를 최소한으로 줄일 수 있는가 등, 살림을 하면서 고민하게 되는 세세한 것들도 이와 같은 비즈니스 사고로 해결할 수 있다. 즉 비즈니스 사고력을 익히면 우리의 일상생활에서 돈과 시간을 보다 유익하게 쓸 수 있다는 말이다. 이거 괜찮은 장사 아닌가!

② 한정된 정보와 시간

우리가 무언가를 사고하고 판단하기 위해서는 '시간'과 '정보'가 필요하다. 그러나 판단과 의사결정에는 기한이 있고, 정보에는 한계가 있다. 게다가 앞날을 100% 예측할 수 있는 완벽한 정보를 입수하는 것은 거의 불가능하다. 그러므로 우리에게는 '한정된 정보를 효율적으로 모으고 잘 조합해, 특정 시간까지 실행 가능한 해결책을 이끌어내는 능력'이 필요하다. 이것이 비즈니스 사고력의 기본이다.

'정보'의 중요성은 대부분 인식하는 사항이니, 여기에서는 특히 '시간'을 강조하고 싶다. 비즈니스 사고에서 '시간'은 매우 중요한 개념이다. 예를 들어 다소 애매하지만 신속히 내린 결론과, 충분한 정보를 근거로 판단했지만 기한을 넘겨버린 결론이 있다고 하자. 이 두 가지 결론 가운데 어느 쪽의 결과가 더 좋을 것 같은가? 정확도 면에서 후자가 나을 것이라 생각하기 쉽지만, 실제로는 전자의 결과가 더 낫다. 아무렇게나 빨리 해치우는 건 금물이지만, 굼뜬 것은 더욱 금물이다. 마케팅에서는 흔히 '최고보다 최초가 낫다'고 하는데, 이는 정말 맞는 말이다. 아무리 혁신적인 신제품이나 문제해결법이라도, 타이밍을 놓쳤다면 버스 떠난 뒤에 손 흔드는 격이다.

성공하는 이들은 '의사결정 내용은 조금 부족하더라도 행동과 결단이 빠르다'는 공통된 특징이 있다. 이런 사람들은 초창기에 고생할 때는 이런저런 실패도 하지만, 그 실패 속에서 계속 배워나가 30대 후반쯤 되면 쑥쑥 성장하는 경우가 많다. 반면 너무 생각이 많아서 결단을 내리지 못하는 사람들은 쉽사리 실행하지 못하고, 실패를 통해 배우는 과정도 거치지 못하고 만다.

내가 컨설턴트로 일할 때 직장상사는 종종 이런 말을 했다. "틀린 가설이나 결론이라도, 그나마 없는 것보다는 훨씬 낫다." 왜냐하면 그 가설이나 결론을 토대로 다음 지점으로 나아갈 수 있기 때문이다.

그러나 비즈니스 현장에서 이런 발상은 별로 환영받지 못하는 것 같다. 흔히들 '조금 늦더라도, 심지어 돌아가더라도 제대로 하는 것'이 옳다고 생각한다. 내가 만나본 CEO들도 이런 오해가 빚어내는 문제점을 통감하고 있었다. 가끔 그들과 타이밍에 관한 이야기를 해보면 꼭 하는 말이 있다.

"타이밍! 이거야말로 비즈니스의 기본 중의 기본이고 핵심 중의 핵심이죠. 그런데 지금까지 그 어느 누구도 그걸 가르쳐주지 않았단 말입니다. 결국 내 스스로 몸으로 부딪쳐 깨져가면서 배울 수밖에 없었지요."

그러므로 이 점을 거듭 강조해두고 싶다. 정확도가 떨어지는 신속한 판단이, 때늦은 정확한 판단보다 훨씬 낫다. 우리는 한정된 정보만으로도 척척 결론을 내릴 줄 알아야 한다.

단, 이때 주의해야 할 점이 있다. 이런 빠른 판단과 결론은 어디까지나 '추후 수정할 수 있다'는 단서가 붙는 경우에만 가능하다. 수정이 불가능한 것, 예를 들어 개인의 취직이나 결혼, 또는 회사의 근간을 뒤흔들 만한 자본투자결정 같은 근본적인 사안을 판단할 때는 한층 신중을 기해야 한다. 모든 일을 '도 아니면 모'라는 심정으로 처리할 수야 없지 않은가.

③ 적절한 추론과 판단

신제품 마케팅 전략처럼 전혀 새로운 일을 할 때 정보와 시간이 한정돼 있다는 것은 앞에서 살펴보았다. 그러나 같은 정보를 가지고도 보다 적절하게 추론과 판단을 하는 사람이 있는가 하면 그렇지 않은 사람도 있다. 그 원인은 어디에 있을까?

그 차이는 바로 '프레임워크(framework) 능력'에 있다.

여기서 말하는 '프레임워크'란 '하늘·비·우산'의 추론과 같이 '사물을 짜임새 있게 보는 것'으로, '사고의 틀'이라 생각하면 이해가 쉬울 것이다. 아울러 '프레임워크 능력'이란 기존의 프레임워크를 바르게 쓰고, 나아가 자신만의 프레임워크를 만들어내는 역량을 뜻한다.

커뮤니케이션에 매개체인 언어가 있듯이, 비즈니스 사고에는 사물에 대한 사고구조가 있다. 어휘력이 풍부한 사람은 자신의 기분을 알기 쉽게 표현해서 잘 전달할 수 있다. 마찬가지로 프레임워크 능력이 뛰어난 사람은 순간적으로 보다 적절한 판단을 내릴 수 있다. 왜냐하면 프레임워크는 우리의 머릿속에 지름길, 이른바 '고속도로'를 뚫어 주기 때문이다. 그리고 고속도로에 톨게이트가 있듯, 프레임워크에도 방향 설정의 이정표가 되어주고, 반드시 거쳐야 하는 관문이 있다.

예를 들어 전략을 세울 때는 '회사·경쟁사·고객'이라는 3C(Company, Competitor, Customer)의 프레임워크를 고려한다. 그리고 마케팅 전략은 '가격·기능·유통채널·프로모션'이라는 4P(Price, Product, Place, Promotion)를 토대로 세운다.

3C나 4P는 지금까지 많은 사람들이 수많은 체험을 통해 그 타당성을 검증한 고전적 프레임워크다. 이 두 가지를 고려했는가 여부에 따라 추론과 판단 결과가 엄청나게 달라진다. 3C를

고려하지 않는다면 고객이나 경쟁사는 안중에도 없이 공급자 입장만 생각한 제멋대로의 제품을 만들어낼 것이다. 또한 4P를 전체적으로 고려하지 않으면 가격과 제품만 중시해서 '좋은 물건을 싸게 팔면 된다'는 조잡한 마케팅 활동을 할 위험이 크다.

이해를 돕기 위해 나의 사례를 예로 들어 설명해보겠다. 나의 책 《돈은 은행에 맡기지 마라》는 출간 6개월 만에 일본에서 35만 부가 팔린 베스트셀러가 되었다. 당시 나는 이렇다 할 경력이 없는 무명의 저자였다. 유명세에 기댈 수 없는 나는 마케팅을 보다 정교하게 해야겠다고 생각하고, 책을 기획할 때부터 아래의 표와 같은 4P 프레임워크를 토대로 계획을 세웠다. 그래서 한층 적절하게 추론하고 판단할 수 있었다고 생각한다.

가격 (Price)	당시 일본에서 출간된 재테크 서적은 대부분 1,000엔 이상이었다. 그런데 재테크에 약간의 흥미만 있는 사람들은 이 가격을 비싸다고 생각할 수도 있다. 그러므로 내 책의 가격은 1,000엔 이하로 한다.
제품 (Product)	철저히 초보자를 타깃으로 한다. 단, 재테크 이외의 분야에 대한 일반교양은 갖춘 사람을 공략한다. 이를 위해 '일과 개인생활의 조화'와 기업의 사회적 책임을 중시하는 SRI(socially responsible investing) 등 사회 트렌드와 관련된 내용을 강조한다.
유통채널 (Place)	재테크 분야의 베스트셀러를 낸 경험이 있는 출판사에서 책을 낸다. 그리고 서점에서는 재테크 코너가 아니라 신간 코너에 진열하도록 한다.
프로모션 (Promotion)	예금을 했을 때 생기는 기회비용을 한 번에 알 수 있는 제목으로 정한다. 다양한 제목안 가운데 가장 쉽고 눈에도 띄는 '돈은 은행에 맡기지 마라'를 제목으로 정함으로써 광고효과와 자연스러운 홍보효과를 노리기로 한다.

④ 적절한 행동

당신은 비즈니스 활동을 할 때 무엇을 가장 힘들어하는가? 나는 '실천'이 가장 어렵다. 추측건대 아마 당신도 크게 다르지 않을 것이다.

사람들은 대부분 실천을 소홀히 한다. 아무리 훌륭한 추론을 해도 실행하지 않으면 소용없다는 것을 알면서도, 실행 단계에 이르면 주저하거나 뒤로 미루는 사람이 많다. 천성이 게을러서가 아니라, 결과가 좋지 않으면 어떡하나 두려워하며 망설이기 때문이다.

이 말을 뒤집어서 생각하면, 행동력만 있다면 다른 사람보다 압도적으로 우위에 설 수 있다는 뜻이기도 하다. 사고력도 마찬가지다. 비즈니스 사고력을 갈고닦으려면 부지런히 움직여야 한다. '사고력'이라 하면 책상머리에 앉아 끙끙거리는 이미지가 강하지만, 실제로는 결코 그렇지 않다. 적극적으로 블로그에 글도 올리고, 문장으로 적어보고, 차트로 만들고, 프레젠테이션을 하면서 손발과 입을 부지런히 움직여야 한다. 비즈니스 사고력이란 '적절한 정보를 모아서 결단을 내리고, 그것을 행동으로 옮기는 것'이다. 즉 이마에도 몸에도 땀을 내가며 움직여야 한다. 그래야 성과를 낼 수 있다.

나는 정보의 효율적 활용에 관한 강연을 할 때면 항상 두 가지 과제를 낸다. 아웃풋의 중요성을 느끼고, 자신의 경험을 다양한 관점에서 검토해보도록 하기 위해서다. 이것은 아주 중요한 공부다.

- 강연의 내용과 감상을 단 세 줄이라도 좋으니 블로그에 남길 것.
- 자신의 감상과 다른 사람의 감상을 비교해보고 공통점과 차이점을 확인할 것.

이 과제를 실제로 하는 사람은 대략 출석자의 20~30% 정도다. 200명이 출석했다면 40~60명 정도라 하겠다. 이것도 생각보다 많이 하는 것인지 모르겠지만, 어쨌든 절반도 되지 않는 수치다. 그래서 일단 실천하는 것만으로도 남보다 우위에 설 수 있다고 말하는 것이다.

실천이 얼마나 중요한지 간단한 계산을 하나 해보자. 단시간에 적절한 정보를 모을 수 있는 사람이 20%이고, 그중에서 추론을 잘하는 사람이 20%, 마지막으로 그것을 행동으로 옮기는 사람이 20%라고 가정해보자. 그렇다면 단기간에 정보를 모으고 새로운 해결책을 제시해서 실행에 옮기는 사람은 100명 가운데 얼마나 되겠는가?

$$20\% \times 20\% \times 20\% = 0.8\%$$

이렇게, 어찌된 일인지 100명 중 단 한 명도 안 된다는 계산이 나온다.

정보를 모으고, 추론을 잘하는 사람은 그나마 4명이라도 된다. 하지만 여기에 행동력까지 갖추면 당신은 곧바로 상위 1%의 핵심인재가 될 수 있다. 이쯤 되면 성과를 올리기 쉬운 것은 물론, 당신의 연봉 자체가 달라질 것이다.

그러니 지금 당신이 주저하고 있는 아이디어가 있다면 당장 그것을 표출할 방법을 생각해보자. 기획서를 써도 좋고, 블로그에 올려도 좋고, 구두(口頭)로 상사에게 의견을 물어도 좋다. 당신의 실천에 대해 어떤 식으로든 피드백은 돌아오게 돼 있다. 그리고 제삼자의 피드백은 당신의 비즈니스 사고력을 한층 단련시켜줄 것이다. 그러므로 손발과 입을 부지런히 움직여 적절한 피드백을 얻어야 한다.

⑤ 부가가치 창출

부가가치의 공식은 단순하다. '상대방으로부터 얻은 가치-내가 투자한 자원'으로 계산하면 된다. 기업으로 치면 '이익으로 이어지는가'에 관한 문제다.

높은 부가가치를 창출하는 능력이란 무엇인가? 일차적으로는 업무성과를 높이는 것이다. 그리고 더욱 궁극적인 의미를 말하면 '당신의 연봉을 올리는 것'이다.

나는 돈이란 '상대방이 나에게 주는 감사의 표시'라고 생각한다. 누구에게나 돈은 소중하기 때문에 그것을 소비한다는 것은 곧 대상에게 큰 가치를 느낀다는 뜻이다. 이런 맥락에서 연봉이 올라간다는 것은 상대방으로부터 더욱 큰 감사의 표시를 받는 것이 된다.

물론 비즈니스 사고력이나 업무성과가 하루아침에 발전하지는 않기 때문에 개인의 부가가치도 단기간에 달라지기는 어렵다. 그러나 몇 년, 몇 십 년 후에는 이익과 연봉이 눈에 띄게 달라지는 것을 보게 될 것이다.

더욱이 비즈니스 사고력은 어떤 상황에서도 발휘할 수 있는 능력이기 때문에, 설령 당신이 직장이나 직종을 바꾸더라도 기본역량으로서 제 역할을 한다는 장점이 있다. 그러니 당신의 몸값을 올리고 싶다면, 무엇보다 비즈니스 사고력을 키우는 데 투자하라.

2

왜 지금 비즈니스 사고력이 필요한가

이쯤에서 원론적인 문제를 짚고 넘어가자. 우리는 왜 비즈니스 사고력을 연마해야 하는가? 주어진 일만 잘하면 되었던 과거에는 굳이 사고력 같은 게 필요하지 않았는데, 오늘날에는 왜 사고력이 이렇게까지 강조되는 것일까?

'뻔하잖아. 더 앞서나가기 위해서지.' 이런 대답이 들리는 듯하다. 맞다. 남들보다 높은 생산성을 추구하기 위해 풍부한 지식을 원하고, 공부에 열의를 보이는 것이다. 이제 공부하지 않는 사람은 아주 불리해지게 되었다.

그것도 그냥 열심히 공부하는 것만으로는 부족하다. 다들 열심히 공부하는 까닭에 다른 사람만큼만 공부해서는 고작 '평균점+α' 정도밖에 이득을 볼 수 없다. 남보다 한발 먼저 내딛기 위해서는 보다 발전된 형태의 무언가가 필요하다.

경쟁에서 앞서나가기 위한 새로운 기술, 그것은 '공부'라는 인풋(input) 중심의 사고에서 '사고력'이라는 아웃풋(output) 중심의 사고로 전환하는 것이다. 즉 공부하면서 익힌 것들을 해석하고 판단하는 데 그치는 것이 아니라, 나만의 정보를 이끌어내는 부분으로까지 발전해야 한다는 뜻이다.

오늘날 회사가 구성원들에게 요구하는 역량을 가만히 보면, 그저 업무처리에 유능한 것을 넘어 '의사결정력'을 갖추는 데까지 진화한 듯하다. 즉 예전에는 최첨단 컨설팅 회사에서나 필요로 하던 비즈니스 사고력을 일상업무에서도 요구하기 시작했다는 것이다.

나는 그 이유가 기업들이 돌발 이슈에 잘 대응하기 위해 업무 스피드를 점점 가속화하고 있기 때문이라고 생각한다. 오늘날의 경영환경에서는 현장에 있는 한 사람 한 사람이 불확실한 정보만 갖고도 한정된 시간 안에 적절히 의사결정할 수 있어야 기업의 경영 리스크를 최소화할 수 있다. 그래서 기업들은 스스로 판단할 수 있는 인재를 찾고 있는 것이다.

물론 상당 부분이 매뉴얼화되어 창조적인 의사결정이 필요하지 않은 일도 많다. 그러나 그런 일은 큰 부가가치를 창출하기 어렵기 때문에 기계와 IT 프로세스로 대체해도 별로 지장이 없다.

이제는 자동화 프로세스로 대체될 수 없는 당신만의 고유역량으로 차별화해야 한다. 해결할 문제가 있는데도 머리 쓸 생각은 않고 쪼르르 상사에게 달려가거나 인터넷 검색으로 해결하려 드는 사람은 결코 자신의 몸값을 높일 수 없다. 그것이 우리가 비즈니스 사고력을 연마해야 하는 본질적인 이유다.

3

당신의 비즈니스 사고력은 몇 점?

비즈니스 사고력을 가장 먼저 발전시킨 맥킨지, 보스턴컨설팅 그룹(Boston Consulting Group, BCG) 등 전략컨설팅 회사는 입사 면접이 독특하기로 유명하다. 흔히 '페르미 추정' 문제라고 하는데, 노벨물리학상 수상자인 엔리코 페르미(Enrico Fermi)는 종종 정해진 답이 없는 특이한 문제를 내어 학생들의 사고력을 가늠했다고 한다.

컨설팅 회사의 시험에서도 정답은 없다. 수험생은 면접관이 제시하는 문제에 대해 한정된 정보로 추론해 결론을 도출해내야 한다. 중요한 것은 '해박한 지식'이 아닌 '논리적 사고력'이기 때문에, '정답'을 제시하는 것보다 면접관이 고개를 끄덕일 정도로 논리정연하게 자신의 생각을 설명해내면 된다. 이 시험

성적은 입사 후 컨설턴트로서의 업무수행 능력, 즉 문제해결력과 밀접한 관련이 있기 때문에 입사의 당락을 좌우하는 핵심변수로 작용한다.

자, 그렇다면 당신의 비즈니스 사고력은 과연 어느 정도인지 한번 가늠해보자. 컨설팅 회사에서 면접을 본다고 생각하고, 다음 질문의 답을 몇 분 이내에 당신의 머리로 추론해보라.

> 질문: 지금 일본에는 몇 마리의 개가 있는가?

혹시 인터넷으로 질문을 검색하지는 않았는가? 그렇다면 안타깝지만 실격 1순위다. 여기에서 중요한 것은 결론이 아니라 프로세스이기 때문이다.

다음으로 실격될 사람은 대충 어림짐작으로 근거도 없이 대답한 사람이다. '300만 정도?' 같은 대답이 이에 해당한다(나는 회계사 초년생 시절에 '거짓말의 538'이라는 규칙 아닌 규칙을 배웠다. 왜 그런지는 잘 모르지만, 사람들이 어림짐작으로 숫자를 말할 때는 대부분 5나 3이나 8을 말한다고 한다).

나는 이 질문에 대해 다음 프로세스와 같이 사고했다.

> ① 먼저 일본에 있는 개를 애완용과 애완용 이외, 즉 동물원의 사육견과 목축견 등으로 나눈다.

② 애완견이 아닌 개는 일본에 있는 동물원과 목축 규모를 생각했을 때, 고작 수백 마리 정도일 것이다. 여기에 맹인안내견과 경찰견을 더해도 최대 수천 마리 수준일 것이므로, 전체 애완견 숫자에 비하면 오차범위 이내라고 판단해 무시한다.

③ 다음은 애완견의 숫자를 계산해본다. 여기에서 중요한 것은 '세대수'다. 즉 전체 가구가 얼마이며, 몇 가구당 한 집에서 개를 키우고 있는가를 상상해봐야 한다.

현재 일본의 전체 세대수는 약 4,700만이다. 집 주변이나 친구들을 상상해보자. 개를 키우는 집이 열 집에 한 집은 더 되는 것 같다. 그렇다고 세 가구에 한 집은 너무 많다. 그래서 그 중간치로 5~7가구에 한 가구는 개를 키운다고 가정한다.

그리고 어떤 집은 한 마리만 키우지만, 두 마리 이상 키우는 집도 적지 않다. 그렇다면 개를 키우는 전체 가구에서 네 집에 한 집은 두 마리를 키운다고 치고, 평균치로 약 1.25마리라고 가정한다.

일본 가정 중 다섯 집에 한 집은 개를 키운다고 가정하면 '4,700만 가구×0.2×1.25마리=1,175만 마리'라는 답이 나온다.

한편 일본 가정 중 일곱 집에 한 집은 개를 키운다고 가정하면 답은 '4,700만 가구×0.14×1.25마리=823만 마리'가 된다.

어느 쪽이든 대체로 '1,000만 마리±α'라는 결론을 얻을 수 있다(실제 정답은 1,300만 마리다).

이 문제에서 중요한 것은 답을 도출해내는 '감각'과 '프로세스'다. 내가 가지고 있었던 정보는 '일본 세대수'와 '개를 키우는 세대의 비율' 두 가지뿐이다. 이처럼 지금 자신이 가진 최상의 정보를 잘 조합해서 새로운 정보를 만들어내는 능력이 바로 비즈니스 사고력이다.

'정보'를 '해법'으로 만드는 사고의 6단계

비즈니스 사고력의 가치를 이해했다면, 이제 본격적으로 어떻게 하면 비즈니스 사고력을 익힐 수 있는지 알아볼 차례다. 비즈니스 사고력을 단련하려면 먼저 미국의 교육학자 벤저민 블룸(Benjamin Bloom) 박사의 텍사노미 이론을 기초로 한 '사고의 6단계 모델'을 알아둘 필요가 있다.

1956년 미국 시카고 대학의 벤저민 블룸 교수는 유명한 저서 《교육목표의 분류(Taxonomy of Educational Objectives)》에서 사고는 '지식→이해→응용→분석→통합→평가'의 6단계로 나눌 수 있으며, 각 단계에 필요한 능력을 향상시켜야 한다고 했다. 그러면 그 내용에 대해 좀 더 구체적으로 살펴보도록 하자. 각 단계의 특성은 다음과 같다.

| 단층구조로 이루어진 사고의 6단계 |

① 지식 : 암기력(사실, 언어, 방식, 분류에 대해 알고 있다).

② 이해 : 내용을 해석, 설명, 추측하는 능력.

③ 응용 : 하나의 상황으로부터 알고 있는 지식을 그와 구별된 다른 상황으로 이행하는 능력.

④ 분석 : 전체의 한 부분을 인식하고 구별하는 능력.

⑤ 통합 : 부분을 조합해 통일된 전체를 만드는 능력.

⑥ 평가 : 일정 기준에 따라 정보의 가치와 이용방법을 판단하는 능력.

출처 : 벤저민 블룸, 《교육목표의 분류》

여기에서 중요한 점은 이 6가지 요소가 단층구조로 되어 있다는 사실이다. '지식'이 없으면 '이해'나 '응용' 자체가 불가능하다. 또 '응용'을 해야 비로소 '분석'과 '통합'을 할 수 있고, '평가'도 할 수 있다.

사고의 6단계 모델을 좀 더 쉽게 설명하면 다음과 같다.

① 하늘 : 지식·이해(사실인식)

② 비 : 응용·분석(해석)

③ 우산 : 통합·평가(문제해결)

비즈니스 사고력을 몸에 익히려면 최소한 이 3가지를 명심해야 한다.

첫째, '하늘'에 대한 충분한 정보, 즉 지식을 얻고 잘 이해해야 한다. 앞서 제시한 페르미 추정 문제에서 일본에 개가 몇 마리 있는지 추정할 때, 일본의 전체 세대수가 4,700만이라는 사실을 모르면 해답을 얻을 수 없을 것이다.

둘째, 얻은 지식을 잘 적용해서 '비'라는 정보를 자기 기준에 따라 분석할 수 있어야 한다. 분석 능력이 있으면 페르미 추정을 고양이의 경우에도 적용할 수 있을 것이다. 난이도를 조금 높여서 '각 가정에서 1년 동안 사용하는 화장지는 얼마나 될까?'처럼 문제를 약간 꼬아놓을 수도 있다.

셋째, '우산'이라는 해결책을 자신의 사고와 행동으로 도출해야 한다. 이것이 사고력의 포인트다. 아무리 좋은 아이디어를 떠올렸다고 해도, 그 생각을 어떻게 현실로 나타내는가는 각자 훈련하기 나름이기 때문이다.

자기 머리로 사고해서 문제를 해결하는 능력은 '비' 이후 단계에서부터 가능하다. 그런데 가만히 보면 요즘에는 똑똑하다는 사람들도 사실은 '지식'만 많을 뿐, 그 다음 단계에는 취약한 경우가 허다하다. 비즈니스 사고력이 일천해서 갖고 있는 지식이 문제해결로 이어지지 않는 것이다. 지식과 이해 단계에 속하는 정보들은 인터넷이나 잡지를 통해 쉽게 얻을 수 있다. 그러나 응용 단계 이후의 모델은 약간의 문자나 숫자, 논거만을 제시한 문제를 이마에 땀이 나도록 생각하지 않으면 몸에 익힐 수 없다.

이런 현실에 대해 나는 학교교육의 책임이 크다고 생각한다. 우리의 교육은 대부분 지식과 이해 단계에 머물러 있고, 기껏해야 응용 단계에서 끝나버린다. 학교 시험이나 입시에서도 선생님이 찍어주는 기출문제만 파고든다. 그러나 그런 방식으로 학교 성적은 잘 나올지 모르지만, 사회에 나와서는 현실적인 문제에 적절히 대처할 수 없다.

기출문제와 족집게공부에 익숙해지면 사고하는 능력을 잃어버려서, 예상치 못한 경향의 문제가 나오면 도전할 엄두도 못 내고 휘청거린다. 일상생활에서도 이런 일은 비일비재하게 일어난다. 특히 열심히 공부하는 사람일수록 더 심한 경향이 있다.

'도요타(Toyota)식 사고'에 '왜 불량품이 나왔는지를 다섯 번 생각하라'는 유명한 말이 있다. '왜'를 다섯 번 반복하면서 자동적으로 깊이 생각하게 되기 때문이다. 이렇게 생각을 거듭하면서 깊숙이 파고들면 마지막 단계인 '평가'에 도달할 수 있다.

그러나 이렇게 매사에 깊이 생각하는 사람은 그리 많지 않다. 지식을 얻는 단계에서 멈춰버리면, 그 지식은 어디까지나 '빌린 지식'일 뿐이다. 빌린 지식은 '이해→응용→분석→통합→평가'의 과정을 거쳐야만 자신의 피와 살이 될 수 있다.

새로운 것을 발견해내는 사람과 그렇지 않은 사람의 차이는 평소에 '지식→이해→응용→분석→통합→평가'의 6단계 프로세스를 항상 반복하고 있는가, 그렇지 않은가에 있다. 습관이라고 해도 좋을 것이다.

사고법을 꾸준히 연습하다 보면 어떻게 머리를 쓰면 좋은지, 어떻게 행동하면 되는지 반사적으로 반응하는 순간이 온다. 그러니 비즈니스 사고력을 익히려면 지식 단계에서 사고를 멈추지 않는 습관부터 들여야 한다. 6단계 사고법이 복잡하다면 '하늘·비·우산'을 떠올려도 좋다. 생각을 끝까지 밀어붙이는 것, 그것이 바로 자신의 두뇌로 사고하는 첫걸음이다.

5

비즈니스 사고의 5가지 열매

비즈니스 사고력의 이점에 대해서는 앞부분에서 조금씩 언급했지만 여기에서 한 번 더 정리해보고자 한다. 크게 다음의 5가지로 요약할 수 있다.

① 앞으로 일어날 일과 세상의 변화를 예측할 수 있다.

② 사전준비 및 리스크 관리를 할 수 있다.

③ 상황판단이 신속·정확해지기 때문에 쉽게 다음 행동을 취할 수 있다.

④ 높은 연봉을 보장받을 수 있다.

⑤ 일상적인 업무 중에서 불필요한 작업을 없애 효율적으로 일할 수 있다.

① 예측가능성이 높아진다

앞서 페르미 추정 예시를 떠올려보자. 합리적 추론 과정을 거침으로써 두 가지 기본 정보만으로 비교적 정답에 근접한 답을 낼 수 있었다. 이처럼 비즈니스 사고에 익숙해지면 상황 판단력은 물론, 미래에 대한 예측력도 높아진다. '논리적으로 이렇게 되는 것이 타당하다'는 판단이 서기 때문에 같은 정보를 가지고도 남보다 정확하게 미래를 내다볼 수 있는 것이다.

② 리스크 관리를 할 수 있다

미래를 정확히 예측할 수 있다는 것은, 미래에 대한 준비도 철저히 할 수 있다는 뜻이다. 연금을 예로 들어 설명해보자.

일본의 인구는 2050년이면 1억 명을 돌파할 것이고, 그때가 되면 65세 이상 노인의 비율이 35%를 넘어선다고 한다. 이 소식을 들은 사람이라면, 어떻게든 연금 이외의 생계수단을 만들어두지 않으면 편히 발 뻗고 잘 수 없을 것이다.

저출산 고령화 문제는 매우 심각하다. 그런데 이상하다. 어느 날 갑자기 출산율이 뚝 떨어진 것도 아닌데, 왜 문제가 이렇게 심각해지도록 모두 수수방관했을까? 이 질문에 대해 일본의 이노구치 구니코 전(前) 저출산·남녀공동참여담당 장관은 간단명료하게 설명한다. "상상력이 결여돼 있기 때문이죠."

즉 아무리 무서운 일이라도 상상할 수 없으면 무서워할 이유가 없는 것이다. 좋지 않은 방향으로 나아가고 있어도 그걸 깨닫지 못하기 때문에 그동안 우리는 발 뻗고 잠을 잘 수 있었다.

그러다가 막상 우리가 정년이 되어 그나마 받던 쥐꼬리만 한 연금마저도 못 받게 될 때는 '이럴 수가!'라며 후회해도 소용없을 것이다.

③ 쉽게 다음 행동을 취할 수 있다

이것도 원리는 간단하다. 우리는 매일 여러 가지 사소한 판단을 하고 있다. '어느 길로 갈까', '오늘은 무얼 먹을까', '어떤 일부터 하는 게 효율적일까', '기획서는 어떻게 구성하면 좋을까', '오늘은 어떤 옷을 입을까' 등 선택의 순간은 끝도 없이 다가온다. 그리고 이처럼 다양한 상황에서 적절히 판단했을 때 우리는 '보람찬 하루'였다고 평가한다.

이때 도움이 되는 것이 바로 '하늘·비·우산'을 골자로 한 비즈니스 사고법이다.

주위 사람들을 한번 떠올려보자. 판단이 빠른 사람은 행동도 빠르고 결과도 빨리 나오기 때문에, 그 결과를 토대로 다시 새로운 판단을 할 수 있다. 말하자면 판단이 선순환의 사이클을 그리는 것이다.

반면 똑같이 시작해도 제대로 일을 마치지 못하는 사람들이 있다. 이들은 '나는 행동이 느려서' 또는 '알긴 하지만 난 안 되는걸' 하고 한탄하는데, 실상은 정반대다. 모르기 때문에 행동할 수도 없는 것이다.

누구나 100% 미지(未知)의 상황에 놓이면 판단이 늦고 둔해진다. 반대로 100% 알고 있는 상황에서는 거침없이 행동할 수 있다.

비즈니스 사고를 통해 판단이 잘 순환되면 모르는 상황을 보다 잘 아는 상황으로 조금씩 바꿀 수 있다. 그러다 보면 판단에 정확도가 더해지므로 더욱 쉽게 판단할 수 있고, 행동으로 옮기기도 쉬워질 것이다.

④ 높은 연봉을 보장받을 수 있다

대부분의 증권업자들은 어쩌다 벼락부자가 되거나, 상황이 바뀌면 하루아침에 가난뱅이가 될 수 있다. 그러나 숙련된 치과의사는 어떤 상황이 와도 계속 부유하다. 치아 치료법 같은 확실한 '스킬'을 보유하고 있기 때문에 어떤 상황에서도 높은 수익을 올리고 자유시간도 누릴 수 있는 것이다.

사람들은 일반적으로 그 당시 가장 선망 받는 기업에 취직하려고 애를 쓰는데, 그렇게 하면 직업 선택에 실패할 확률이 높다.

예를 들어 과거에는 건설, 그 후에는 증권, 그리고 최근에는 IT나 인터넷 관련 업종 등이 시대의 흐름을 타고 호황을 구가했다. 그에 따라 수많은 인재들이 잘나가는 업종에 몰려들어 극심한 경쟁이 벌어졌다. 문제는 그런 기업에는 외운 지식만 많고 사고력은 떨어지는 지원자들이 주로 모여든다는 점이다. 돌다리도 계속 치면 무너져 내리듯이, 이런 '헛똑똑이'들은 서서히 기업 전체를 침몰시킨다.

현명한 사람들은 당장 잘나가는 업종보다는 10년, 20년 후에 전성기를 누릴 수 있는 업종을 택한다. 그 편이 일하는 보람도 크고, 수입도 더 많이 올릴 수 있다.

또는 비즈니스 사고력을 살릴 수 있는 직업을 선택해서 미래에 대한 리스크를 줄일 수도 있다. 앞서 말했듯이 비즈니스 사고력은 비즈니스맨의 '기본역량'에 해당하기 때문에, 시대의 변화에 상관없이 언제나 그 가치를 인정받을 수 있다. 비즈니스 사고력을 살릴 수 있는 대표적인 직업에는 전략 컨설턴트, 투자은행가, 벤처자본가 등이 있다. 유망한 전략컨설팅 회사는 신입 초봉이 대기업 중간관리자에 버금갈 만큼 높다. 일반 회사에서 사회생활을 시작했더라도 발군의 문제해결력을 인정받으면 더 좋은 조건으로 직장을 옮길 기회가 열린다. 그러니 '억대 수입'이 목표인 비즈니스맨이라면 반드시 비즈니스 사고력을 연마하도록 하자.

⑤ 불필요한 작업을 생략할 수 있다

'파레토 법칙(Pareto's law)'이라고 들어본 적 있는가? 흔히 '80/20 법칙'이라고도 하는데, 이는 전체 활동의 20%에서 약 80%의 이익이 실현된다는 뜻이다. 그러니 핵심적인 20%에 집중하면 투입 대비 산출을 극대화할 수 있다.

그러나 사람들은 대부분 정작 중요한 20%는 소홀히 하면서, 별로 중요하지도 않은 80%에 너무 많은 시간과 노력을 투자하는 경향이 있다. 쓸데없는 작업에 매달려 장시간 일하고, 그것으로도 모자라 잔업까지 감수하기 일쑤다.

이유는 한 가지다. 무엇이 정말 중요한 20%인지 파악하지 못하기 때문이다. 상황을 객관적으로 판단하는 비즈니스 사고력이 취약하면 일의 우선순위를 판단하기 힘들기 때문에 모든 일에 시간을 낭비하게 된다.

나는 이렇게 나머지 80%에까지 힘을 낭비하는 것을 '보험작업'이라 부른다. 어떤 일을 할까 말까 망설여질 때 만일을 위해 일단 해두는 것이다. 그러나 실제로 그 일이 성과를 내는 경우는 드물다. 오히려 쓸데없는 일을 하느라 정작 중요한 20%에는 힘을 쏟지 못하게 돼 전체적인 성과만 줄어든다. 보험 드는 심정으로 하는 일이 도리어 자신의 생산성을 망치는 것이다.

일을 하면서 무엇이 보험작업이고 무엇이 중요한 업무인지 구분하기 위해서는 재빨리 미래 시나리오를 그려보거나 이런저런 비용 대비 효과를 계산할 줄 알아야 한다. 물론 처음부터 그렇게 할 수 있는 사람은 아무도 없지만, 일단 보험작업을 줄이겠다고 결심하는 것이 중요하다. 오늘 결심하느냐에 따라 5년, 10년 후에 업무를 할 때 쓸데없는 작업이 늘어날 수도 있고, 줄어들 수도 있다.

비즈니스 사고력을 높이는 방법

　이쯤 되면 당신은 '그래서 비즈니스 사고력은 어떻게 배우면 되는 건데?' 하고 궁금해할 것이다.

　비즈니스 사고력을 배우는 과정은 단적으로 말해 많은 지식을 얻고, 실제로 하나라도 더 많이 겪으면서 새로운 프레임워크를 머릿속에 쌓아가는 것이다.

　비즈니스 활동에 필요한 프레임워크를 단기간에 빨리 익힐 수 있는 가장 확실한 방법은 MBA를 수료하는 것이다. 전략론, 마케팅, 회계, 통계학 등의 MBA 커리큘럼 그 자체는 6단계 사고 가운데 '지식'과 '이해' 단계에 속한다. 그 다음의 응용과 분석, 통합 및 평가 단계는 케이스 스터디(case study)와 토론을 하면서 훈련할 수 있다. 이렇게 교육받은 MBA 출신들은 어느 정도 자질이 보증된다. 그래서 고용주들은 교육비용을 절약하는 대신, MBA 출신 직원의 연봉을 높게 책정하는 것이다. 즉 MBA는 지식을 얻는 곳이라기보다는 '사고법을 훈련하는 곳'이다.

하지만 MBA 과정을 밟는다는 게 일반 비즈니스맨으로서 쉬운 결정은 아니다. MBA가 어려울 경우 다양한 사고법을 안내하는 비즈니스 서적을 읽고 개별적으로 훈련하는 것도 좋다. 책이란 저자가 직접 '지식→이해→응용→분석→통합→평가'의 프레임워크를 거쳐 사고하고 실행한 것들을 담은 것이기 때문에, 책을 통해 우리도 저자와 유사한 체험을 할 수 있다.

무엇보다 가장 중요한 것은 자신이 익힌 지식을 하나씩 사고의 프레임워크에 대입해 스스로 생각해보는 것이다. 때로는 필요에 따라 자신만의 새로운 프레임워크를 만들기도 하면서 직접 행동해본다면 비즈니스 사고력은 비약적으로 발전할 것이다.

다시 강조한다.

'지식→이해→응용→분석→통합→평가'의 과정을 몇 번이고 계속 반복할 것.

이런 과정을 통해 비즈니스 사고력을 훈련하고 갈고닦을 수 있다.

그러나 평소 우리 생활과 지금까지 받은 교육에서는 사고의 체계가 지식이나 이해, 응용 정도에 그치는 게 대부분이고, 비즈니스 사고력이라 할 만한 추론에는 이르지 못하는 경우가 많다. 그래서 2장에서는 비즈니스 사고법에서 가장 유용하게 쓰이는 대표적인 프레임워크 유형을 설명하고, 3장부터는 분석·통합·평가 단계에 반드시 필요한 비즈니스 사고법 5가지를 소개하겠다. 아울러 8장에서는 비즈니스 사고의 기본기가 되는 '언어능력'과 '지적체력'에 대해 간략히 설명하도록 하겠다.

CHAPTER

2

비즈니스 사고의 '틀'을 짜는 능력, 프레임워크

평 가

지적체력

세렌디피티

통 합

언어능력

숫자사고력

시각화능력

분 석

수평사고력

논리사고력

응 용

이 해

지 식

B U S I N E S S   T H I N K I N G

BUSINESS FRAMEWORK

1

'프레임워크 능력'이란

프레임워크, 프레임워크, 아… 프레임워크! 지금까지 '프레임워크'라는 말이 수없이 등장했다. 이렇게까지 강조하는 이유는, 모든 사고는 프레임워크에서 시작되기 때문이다.

개인적으로 나의 비즈니스 사고력이 성장할 수 있었던 것도 맥킨지에서 '프레임워크'라는 개념을 알게 되고, 그것을 매일 생활 속에서 유용하게 활용했기 때문이 아닐까 생각한다. 물론 회사에서 모든 것을 다 가르쳐주는 것은 아니다. 그래서 평소 일상업무에서 차곡차곡 경험을 쌓으며 나만의 프레임워크를 만들어왔다.

나는 "프레임워크란 무엇입니까?"라는 질문을 자주 받는다.

영어사전[American Heritage Dictionary]을 찾아보면 'framework'
에 이런 해설이 붙어 있다.

1. A structure for supporting or enclosing something else,
especially a skeletal support used as the basis for something
being constructed.
2. An external Work platform ; a scaffold.
3. A fundamental structure, as for a written work.
4. A set of assumptions, concepts, values, and practice that
constitutes a way of viewing reality.

이 책에서 내가 말하는 '프레임워크'란 네 번째 의미다. 말하
자면 프레임워크란 '현실을 관찰하는 방법을 구성하는 가정, 개
념, 가치, 관행의 집합'이다. 프레임워크를 활용하면 자신의 생
각을 다른 사람에게 더욱 효과적으로 전달할 수 있다.

언어도 프레임워크의 일종이다. '사과'라는 단어를 들으면 개
인차는 있겠지만 대부분 일정한 색깔과 모양, 냄새 등 사과의 이
미지를 떠올린다.

이것을 '장미목 장미과의 낙엽교목 식물인 사과나무의 열매.
이과(梨果)에 속하며, 보통 둥근 모양이고 지름 5~10cm이며 빛
깔은 붉거나 노랗다. 남·북반구 온대지역 원산이며 2,000년 전

부터 여러 가지 품종을 재배해왔다'고 구구절절 설명할 필요는 없을 것이다.

이것에서도 알 수 있듯이 프레임워크란 '어떤 개념이나 사고 방식을 자기 나름의 기준에 따라 묶고 정리해서 사고하기 쉽고 외우기 쉽게 하는 것'이다. 예를 들어 1장에서 언급했던 '6단계 사고'도 하나의 프레임워크다.

이렇게 프레임워크에 대한 이야기를 하다 보면, 여러 가지 프레임워크를 되도록 많이 가르쳐달라고 부탁하는 사람들이 있다. 물론 그것은 어렵지 않은 일이다.

그러나 중요한 것은 다양한 경험과 학습을 통해 자신만의 프레임워크를 하나라도 많이 찾아내고 머릿속에 정리해두는 것, 그리고 계속해서 자기 힘으로 새로운 프레임워크를 만들어내는 것이다.

프레임워크는 마치 단어를 조합하는 것과 같다. 사물에 대한 개념을 단어로 승화시킴으로써 우리는 새로운 사고법과 지식을 익힐 수 있다. 그러므로 되도록 스스로의 힘으로 하나하나 자신만의 프레임워크를 만들어가도록 하자.

2

비즈니스 전략을 도출하는 대표적 프레임워크

시중에는 경영전문가들이 고안한 효과적인 프레임워크를 다룬 책이 많이 출간돼 있다. 일단 여기서는 내가 평소 즐겨 쓰는 대표적인 21가지 프레임워크를 소개하겠다. 이 21가지 프레임워크는 일반적으로 논리적 사고와 비즈니스 분석에 가장 많이 활용되는 방법론이므로 반드시 알아두자. 다만 자세히 다루기에는 내용이 너무 방대하기에 여기에서는 개념만 간략히 설명하는 점을 양해해주시기 바란다.

① 하늘·비·우산

정보를 '사실→해석→행동'으로 분해해서 깊이 사고한다.

② **전략의 3C**

전략을 세울 때 자사(Company) · 경쟁사(Competitor) · 고객 (Customer)을 고려해 밸런스를 맞춘다.

③ **마케팅의 4P**

마케팅 기획을 할 때 가격(Price) · 제품(Product) · 유통채널 (Place) · 프로모션(Promotion)으로 나누어 경쟁사와 고객에 대한 대응방안을 마련한다.

④ 5W + 1H

전략을 세울 때 왜(Why), 무엇을 목적으로(What), 누구와(Who), 어느 분야에서(Where), 언제(When), 어떻게(How) 할 것인지 정리 한다. 때로는 간단하게 'Why, What, How'만 적용할 수도 있다.

⑤ PDCA **사이클**

전략을 세울 때는 '계획(Plan)→실행(Do)→점검(Check)→개 선(Action)→다시 계획'으로 돌아가는 사이클을 되도록 빠르게 반복하는 것이 좋다.

⑥ **가치 사슬**(Value Chain)

가로축에는 제품 및 서비스를 시장에 공급하기까지 '물류 투입→운영·생산→유통→마케팅→서비스'의 흐름을, 세로축에는 자사와 경쟁사를 표시한다. 이를 통해 취약점과 경쟁우위를 타진한다.

⑦ **기술수용주기**(Technology Adoption Life-cycle)

혁신적 제품이 출시됐을 때는 '혁신수용자(innovator)→선각수용자(early adopter)→전기다수수용자(early majority)→후기다수수용자(late majority)→지각수용자(laggard)' 순으로 보급된다. 그러므로 시기에 따라 적절하게 타깃을 바꿔가면서 전략을 세운다.

⑧ **제품 진화 트라이앵글**

제품 및 서비스가 침투하는 과정에서 처음에는 제품의 기능이 차별화 요인이 된다. 그러나 점차 무게중심이 유통채널로 옮겨지고, 최종적으로는 브랜드파워가 마케팅의 성패를 가른다.

⑨ CTQ(6시그마)

6시그마에서 구매자가 충족하는 품질 기준인 CTQ(Critical To Quality)를 파악하고, 그 기준을 수치로 측정해 평가할 수 있도록 한다. 아울러 CTQ를 토대로 품질향상 방안을 분석하고 개선한다.

⑩ 전략 캔버스(Strategy Canvas)

가로축에는 경쟁요인을, 세로축에는 수준을 표시해서 자사와 타사의 경쟁상황을 비교한다. '블루오션 전략(Blue-ocean Strategy)'으로도 유명하다.

⑪ 사업의 우선순위 매트릭스

세로축에는 자사의 상대적 강점을, 가로축에는 시장매력도를 표시해 자사의 경쟁력이 있으면서 매력도도 높은 분야를 찾는다.

⑫ 소득계층별 세대수의 상대도수분포

세로축에는 세대소득을, 가로축에는 각각의 소득에 대한 세대 비율(%)을 표시함으로써, 제품 및 서비스 가격에 대한 시장 규모를 측정한다.

⑬ 인구분포곡선

연령별 인구를 파악하고 연령대에 따른 시장 크기를 추정한다.

⑭ 기술-의지 매트릭스(Wil-Skill Matrix)

사람의 유형을 의지(Will) 및 능력(Skill)의 많고 적음에 따라 4가지로 분류한다. 각 유형의 사람들에 적합한 대응방침을 세우면 효과적으로 커뮤니케이션을 할 수 있다.

⑮ SWOT 분석

전략을 세울 때 자사의 강점(Strength) · 약점(Weakness) · 기회(Opportunity) · 위협(Threat)을 분석해 의사결정에 참고한다.

⑯ 영향요인(Forces at Work)

공급 체인의 변화, 수요 체인의 변화, 기술 쇼크, 신규 진입자, 대체상품 가능성 등의 외부변화에 대해 정리한다.

⑰ 우선순위 매트릭스(Priority Matrix)

세로축에는 중요도를, 가로축에는 긴급도를 표시하고 각 활동에 대한 시간 배분의 균형을 맞춘다.

⑱ 조직의 7S

효율적 조직을 만들기 위해 전략(Strategy) · 공유가치(Shared value) · 조직구조(Structure) · 시스템(System) · 구성원(Staff) · 기술(Skill) · 조직문화(Style)를 분석하고, 이들 간의 균형과 조화를 도모한다.

⑲ PPM(Product Portfolio Management) 분석

세로축에는 시장성장률, 가로축에는 시장점유율을 표시해 제품의 라이프사이클을 관리하는 방법이다. 개발사업(question

mark) · 성장사업(star) · 사양사업(dogs) · 수익사업(cash cow)으로
나누어 기업전략을 분석한다.

⑳ VRIO 분석

경제적 가치(Value) · 희소성(Rarity) · 모방불가(Inimitability) · 조
직력(Organization)의 관점에서 기업의 내부역량을 분석할 때 활
용한다.

㉑ 여섯 색깔 모자

사물을 볼 때 다른 관점에서 보는 눈을 가질 수 있도록 입장
을 바꿔가면서(모자를 바꿔 써가면서) 판단하는 방법이다. 회의 등
에서 많이 쓰인다.

하얀 모자 : 객관적으로 사실을 받아들인다.

빨간 모자 : 직감적으로 판단한다.

검은 모자 : 비판적 의견을 제시한다.

노란 모자 : 낙관적 의견을 제시한다.

초록 모자 : 창조적으로 사고한다.

파란 모자 : 전체를 통제한다.

경영학에서 중시하는 프레임워크들을 한꺼번에 파악하느라 다소 혼란스러울지도 모르겠다. 프레임워크를 많이 알고 있으면 머릿속에서 다양한 정보를 처리하고 판단해 의사결정할 때 상황에 맞게 최적의 도구로서 유용하게 활용할 수 있다. 집을 지을 때 재료와 도구가 많아야 단시간에 멋지고 튼튼한 집을 지을 수 있는 것과 마찬가지 이치다.

새로운 아이디어를 구상할 때 그 재료가 되는 프레임워크를 얼마나 많이 알고 있는지, 또 그것을 조합해 다시 짠 프레임워크가 얼마나 풍부한지에 따라 일의 효율은 크게 달라진다. 그러니 다양한 참고자료를 검토하면서 이 모든 프레임워크를 당신 것으로 만들기 바란다.

1 하늘·비·우산

정보를 '사실→해석→행동'으로 분해해서 깊이 사고한다.

하늘	비	우산
사실	**해석**	**행동**
갑자기 검은 구름이 끼고 있다.	비가 올 것 같다.	우산을 들고 나가야겠다.

2 전략의 3C

전략을 세울 때 자사·경쟁사·고객을 고려해 균형을 맞춘다.

자사
(Company)

경쟁사
(Competitor)

고객
(Customer)

3 마케팅의 4P

마케팅 기획을 할 때, 가격·제품·유통채널·프로모션으로 나누어 경쟁사와 고객에 대한 대책을 세운다.

가격(Price)

제품(Product)

유통채널(Place)

프로모션(Promotion)

4 5W + 1H

신규사업이나 전략을 기획할 때, 5W + 1H의 프레임을 이용해 누락이나 편중을 방지한다.

5 PDCA 사이클

전략을 세울 때 가설을 세우고 실행한 다음, 그 결과를 가지고 다시 새로운 계획을 세운다.

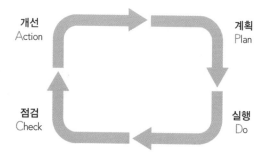

6 가치 사슬

가로축에는 제품 및 서비스를 시장에 공급하기까지의 흐름을, 세로축에는 자사와 경쟁사를 표시하고, 자사의 취약점과 경쟁우위를 타진한다.

	연구	개발	조달	생산	유통	판매	AS
자사							
경쟁사							

7 기술수용주기

신제품은 혁신수용자 → 선각수용자 → 전기다수수용자 → 후기다수수용자 → 지각수용자
순으로 보급된다.

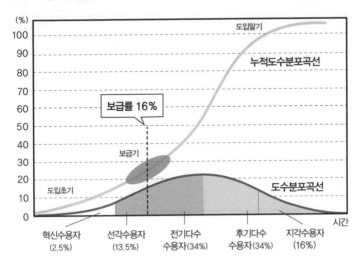

8 제품 진화 트라이앵글

초기에는 제품의 기능이 차별화 요인이 되지만, 나중에는 브랜드파워가 승패를 가른다.

9 CTQ(6시그마)

CTQ를 파악함으로써 품질향상을 도모한다.

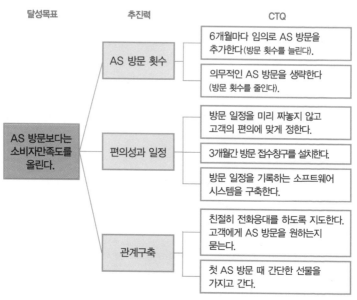

| 달성목표 | 추진력 | CTQ |

- AS 방문 횟수
  - 6개월마다 임의로 AS 방문을 추가한다(방문 횟수를 늘린다).
  - 의무적인 AS 방문을 생략한다 (방문 횟수를 줄인다).

- 편의성과 일정
  - 방문 일정을 미리 짜놓지 않고 고객의 편의에 맞게 정한다.
  - 3개월간 방문 접수창구를 설치한다.
  - 방문 일정을 기록하는 소프트웨어 시스템을 구축한다.

- 관계구축
  - 친절히 전화응대를 하도록 지도한다. 고객에게 AS 방문을 원하는지 묻는다.
  - 첫 AS 방문 때 간단한 선물을 가지고 간다.

AS 방문보다는 소비자만족도를 올린다.

10 전략 캔버스

경쟁요인과 수준을 표시해 자사와 타사의 경쟁상황을 비교한다.

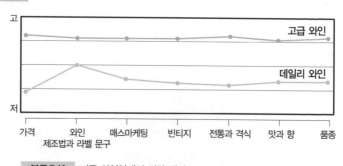

고급 와인

데일리 와인

고

저

가격　와인　매스마케팅　빈티지　전통과 격식　맛과 향　품종
제조법과 라벨 문구

블루오션 　미국 와인업계의 전략 캔버스

11 사업의 우선순위 매트릭스

자사의 강점과 시장매력도를 분석해 자사의 경쟁력이 있으면서 시장매력도도 높은 분야를 찾는다.

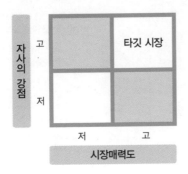

12 소득계층별 세대수의 상대도수분포

제품 및 서비스의 가격에 대한 시장 크기를 측정하는 데 사용한다.

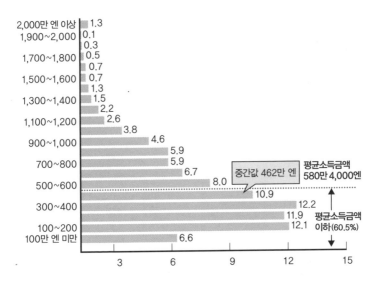

13 인구분포곡선
연령별 인구를 파악하고 연령대에 따른 시장 크기를 추정한다.

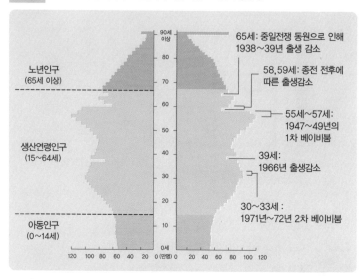

노년인구
(65세 이상)

생산연령인구
(15~64세)

아동인구
(0~14세)

65세: 중일전쟁 동원으로 인해
1938~39년 출생 감소

58, 59세: 종전 전후에
따른 출생감소

55세~57세:
1947~49년의
1차 베이비붐

39세:
1966년 출생감소

30~33세:
1971년~72년 2차 베이비붐

90세
이상
80
70
60
50
40
30
20
10
0세

120 100 80 60 40 20 0 (만명) 0 20 40 60 80 100 120

14 기술-의지 매트릭스
사람의 유형을 의지와 능력에 따라
분류함으로써 효과적인
커뮤니케이션을 도모한다.

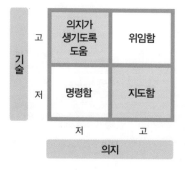

	저	고
고	의지가 생기도록 도움	위임함
저	명령함	지도함

기술

의지

15 SWOT 분석
전략을 세울 때 자사의
강점·약점·기회·위협을 분석해
의사결정시 참고한다.

	자사요인	환경요인
+ 요 소	Strength 강점	Opportunity 기회
− 요 소	Weakness 약점	Threat 위협

16 영향요인

공급 체인의 변화 등
외부변화를 정리한다.

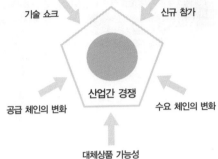

17 우선순위 매트릭스

시간을 효과적으로 쓰기 위해
중요도와 긴급도에 따라 4개의
그룹으로 나눈다.

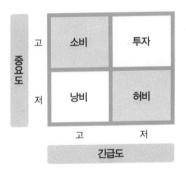

18 조직의 7S

조직을 효율적으로 만들기 위해 7가지 요소의 균형을 맞춘다.

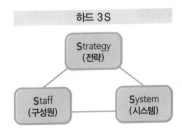

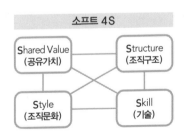

19 PPM 분석

세로축에는 시장성장률,
가로축에는 시장점유율을 표시해
제품의 라이프사이클을 관리한다.

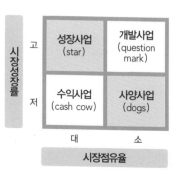

20 VRIO 분석

4가지 관점에서 조직의 내부역량을 찾는다.

	조달	제조	유통구매	서비스
경제적 가치(V)	○	△	△	◎
희소성(R)	△	○	×	△
모방곤란성(I)	◎	△	×	○
조직능력(O)	△	○	△	×

21 여섯 색깔 모자

다른 관점으로 사물을 보기 위해 입장을 바꿔보고 판단한다.

하얀 모자
객관적으로 사실을 받아들인다.

빨간 모자
직감적으로 판단한다.

검은 모자
비판적 의견을 제시한다.

노란 모자
낙관적 의견을 제시한다.

초록 모자
창조적으로 사고한다.

파란 모자
전체를 통제한다.

3

어떤 정보든 프레임워크로 정리하라

프레임워크를 활용하려고 의식하기 시작하면 지식을 대하는 방법이 달라진다. 특히 지식의 보고(寶庫)인 책을 읽는 방식이 질적으로 발전한다. 예를 들어 내가 좋아하는 책 가운데 《티핑 포인트(The Tipping Point)》가 있다. 이 책은 왜 유행하는 것과 그렇지 않은 것이 있는지, 유행하는 것은 어떤 경로로 폭발적인 인기를 끌게 되는지를 사례를 들어 면밀히 분석한다.

《티핑 포인트》를 요약하면 다음과 같은 프레임워크가 된다.

① 소수의 키맨(key man)들에게 영향을 줄 것.
② 그 내용이 기억에 남을 것.
③ 환경의 작은 변화로 행동에 영향을 줄 것.

270쪽이나 되는 책에서 이 내용만 프레임워크로 만들어둘 수 있다면, 그것만으로도 최고의 독서법이라 할 수 있겠다.

이 프레임워크는 내가 책을 낼 때에도 큰 도움이 되었다. 《연봉 10배 올리는 공부법》을 냈을 때 다음과 같은 일이 있었다.

① 소수의 키맨들에게 영향을 줄 것

이 책은 오피니언 리더 및 유명 블로거들에게 강력한 지지를 받았다. 이 책이 나오고 채 일주일도 안 되었을 때, 당시 무명이었던 내게 유명 저자들로부터 연락이 오기 시작했다.

② 그 내용이 기억에 남을 것

당시에는 무수히 많은 공부법들이 쏟아져 나오고 있었다. 그래서 생각한 것이 '연봉 10배 올리는'이었다. 사람들이 내 이름은 몰라도 "아, 그 10배 올리는 사람?" 하고 말할 정도로, 이 제목은 기억에 남는 문구가 되었다.

③ 환경의 작은 변화로 행동에 영향을 줄 것

나는 이 책을 홍보할 때 일본 최대의 북마크 서비스인 '하테나 북마크(Hatena Bookmark)'를 활용했다. 나는 이것을 '하테부 토네이도'라 불렀는데, 실제로 이 방법을 통해 입소문을 타면서 이 책은 예상을 뛰어넘는 속도로 소수의 블로거들로부터 인터넷

서점으로, 그리고 오프라인 서점에까지 파급되었다.

이처럼 프레임워크만 잘 활용하면 어떤 새로운 상황에서도 유연하게 대응할 수 있게 된다. 그리고 이미 일어난 일에 대해서도 사안의 핵심이 무엇인지 쉽게 머릿속에 정리할 수 있다. 그러니 항상 다양한 정보를 프레임워크를 통해 정리하고, 새로운 아웃풋을 만드는 습관을 들이도록 하자. '하테부 토네이도'처럼 나름의 이름을 붙이는 것도 프레임워크와 친숙해지는 좋은 방법이다.

4

궁극적으로는 프레임워크를 뛰어넘어라

지금까지 프레임워크의 유용성을 강조했는데, 독자분 중에는 프레임워크 사고에 너무 의존하면 사고력이 둔해지지 않을까 우려하는 분도 있을 것이다. 어떤 정보든 프레임워크에 대입해 해석하기만 하다 보면 다양한 가설을 세우는 능력은 떨어지지 않을까 하는 걱정이다. 사실 나도 처음에는 그런 걱정을 했다. 그러나 컨설턴트 초기 시절, 당시 새로운 프레임워크를 만드는 능력이 뛰어났던 직속상사가 잊지 못할 말을 해주었다.

그 상사는 매일 미디어에서 각종 정보를 수집하고 그 정보를 프레임워크에 대입해 정리하는 역량에서 타의 추종을 불허하는 달인이었다. 내 비즈니스 사고와 정보처리 기술의 상당 부분은 그 상사와 일할 때 어깨너머로 배운 것들을 기초로 한 것이다.

어느 날 나는 별 생각 없이 상사에게 "어떻게 하면 프레임워크를 그렇게 많이 만들 수 있습니까?" 하고 물었다. 그때 그는 이런 말을 해주었다.

"항상 여러 가지 정보를 프레임워크에 대입해보고 이해하려고 노력하는 것이지. 그러다 보면 내가 아는 프레임워크에 도저히 대입하기 힘든 정보도 있을 거야. 그렇게 프레임워크에 다 들어가지 못하고 비어져 나오는 정보를 골라서 모아봐. 그러면 '내가 아는 범위 밖에서 이런 일들이 일어나고 있구나' 하고 놀라게 되지. 그 정보들을 다시 정리하면 새로운 프레임워크가 되는 거야."

이 이야기를 하고 나서 그 상사가 "아, 말하면 안 되는데! 비밀인데!" 하고 장난스럽게 웃던 기억이 난다.

즉 프레임워크는 사고를 보다 활발하게 해주고 도와주기 위한 것이지, 틀에 박힌 사고만 하게 만드는 것이 아니다. 이것을 잘못 생각하면 프레임워크만 열심히 모으고 암기하는 또 다른 '헛똑똑이'가 될 수 있다. 그러므로 프레임워크를 지배해야지, 프레임워크에만 기대려는 발상은 절대 금물이다.

CHAPTER

3

논리사고력
관계를 조직하고, 가설을 세운다

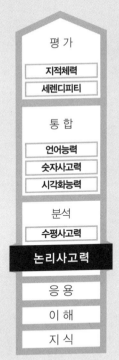

평 가

지적체력

세렌디피티

통 합

언어능력

숫자사고력

시각화능력

분석

수평사고력

논리사고력

응 용

이 해

지 식

B U S I N E S S T H I N K I N G

LOGICAL THINKING

1

현상 이면의 관계를 밝히는 논리사고력

비즈니스 사고력의 첫 번째 능력은 '논리사고력'이다. 영어로 '로지컬 씽킹(logical thinking)'이라고 지칭하기도 하는 논리사고력은, 비즈니스 사고력의 핵심이라 할 수 있다. 특히 4장에서 다룰 수평사고력과 함께 6단계 사고과정 중 '분석' 단계에 필수적인 능력이다. 이 논리사고력에 대해 자세히 다루기 전에 먼저 '논리'란 무엇인지, 그 개념부터 정리해두자.

논리란 쉽게 말해 '브라질에 비가 내리면 스타벅스 주식을 산다'와 같이 사고하는 것을 뜻한다.

'브라질에 비가 오는 거랑 내가 주식을 사는 게 무슨 상관이람?'이라고 투덜거리기 전에, 논리를 찾는 연습을 해보자. 처음에는 두 현상이 우연히 일어난 일이고, 아무런 연관성이 없어 보일 것이다. 그러나 그 현상을 지배하는 몇몇 법칙과 개연성을 찾아내면 또 다른 현상이나 아직 일어나지 않은 불확실한 일도 거의 정확하게 추측해낼 수 있다.

브라질에 가뭄이 해소되고 커피 수확량이 늘면 필연적으로 원두 가격이 떨어진다. 그리고 그것은 고스란히 스타벅스의 이윤 향상과 주가상승으로 이어진다. 이러한 연관성을 파악한다면 남들보다 더 큰 투자수익을 얻을 수 있지 않을까?

이처럼 논리란 '여러 가지 현상들에 대한 인과관계를 고찰하고 그 관계성을 밝히는 사고'를 말한다.

컴퓨터 프로그램은 말 그대로 '논리의 집대성'이라 할 만하다. 우리가 매일같이 사용하는 구글(Google)이나 야후(Yahoo!) 같은 검색엔진에는 논리사고가 매우 치밀하게 설정돼 있다.

일례로 구글에는 '페이지랭크(PageRank)'라는 개념이 있는데, 이는 한마디로 페이지 인기도를 말한다. 다른 사이트에 많이 링크된 페이지가 더 중요한 페이지라는 개념 하에 수차례 계산을 반복해서 인기도를 측정하는 방식이다. 무수히 많은 웹페이지가 연동되는 구조이기 때문에 인위적 조작이 불가능하고, 누구든 찾고자 하는 내용에 가장 근접한 페이지를 상위목록에서 확인할 수 있다.

페이지랭크는 관련 페이지의 내용과 검색어 간의 정합성을 일일이 비교하는 것보다, 하나의 논리(logic)를 세우고 그것을 컴퓨터가 분석하게 하는 편이 훨씬 정확한 결과를 가져온다는 사실을 증명하고 있다. 아울러 구글의 사례는 논리의 힘이 얼마나 강력한지 시사한다. 실제로 구글은 페이지랭크라는 획기적인 개념 덕분에 단기간에 가장 막강한 검색엔진으로 부상하게 되었다.

맥킨지 같은 컨설팅회사에 갓 들어간 신입사원들은 프로의 현장에 뛰어든 지 얼마 되지도 않았을 때 이제껏 없던 획기적인 해결책을 곧잘 제시하곤 한다. 이것도 그 사람이 논리사고의 방법론을 확실히 알고 있다면 얼마든지 가능한 일이다.

전략 컨설턴트에 비해 일반 직장인이 논리사고에 취약한 것은 단지 논리사고의 양이 모자라기 때문이다. 컨설팅 회사에서 논리사고를 통해 자신만의 프레임워크를 척척 만들어내려면 짧게는 6개월, 길게는 3년 정도 걸린다(참고로 나는 2년 정도 걸렸다). 일반 직장인이라면 좀 더 시간을 투자해야 할 것이다.

그러므로 당신도 포기하지 말고 적어도 6개월, 할 수 있다면 5년, 10년이라도 논리사고 훈련을 계속하기 바란다.

논리사고를 배우기 위한 재료로 대단한 것은 필요 없다. 평소 쉽게 접할 수 있는 차량 광고나 바깥 풍경, 점심 메뉴의 나열방법 등 작은 것들에 대해 문제를 설정하고 그 해답을 생각하는 것으로 충분하다.

대박 난 음식점을 보면 왜 저 집에는 손님이 많은지, 저렇게 손님이 많으면 얼마나 이익이 날지 생각해보는 것만으로도 매우 유용한 논리사고 훈련이 될 수 있다.

논리사고에 대한 책은 수도 없이 많고, 정보도 많다. 이 책에서는 논리사고를 익히는 대표적인 방법으로 3가지 기본 테크닉과 4가지 실천방법을 제시하겠다. 이 방법론을 꾸준히 반복하는 것은 언뜻 멀리 돌아가는 것 같아도, 논리사고로 가는 가장 빠른 지름길이 될 것이다.

2

논리사고력의 3가지 기본 테크닉

① MECE로 분류한다

논리사고의 핵심은 '사물의 관계성을 깨닫는 것'이다. 그러기 위해서는 평소에 될 수 있는 한 많은 현상을 2×2나 3×3의 매트릭스로 나누어 생각해보고, 아웃풋을 만들어내는 연습을 해야 한다.

그 과정에서 가장 기초가 되는 것이 바로 'MECE(Mutually Exclusively, Collectively Exhaustive)'와 '로직 트리(logic tree)'다. 다른 모든 기법들은 이 두 가지를 응용한 것이나 마찬가지이므로, 우선 이 두 가지 스킬을 잘 익혀야 할 것이다.

그러면 MECE란 무엇인가? 이미 알고 있을지도 모르겠지만, 확실하게 정리하는 차원에서 설명해두겠다.

Mutually Exclusive(중복되지 않고)

Collectively Exhaustive(누락된 것이 없는 부분집합)

즉 겹치지도 않고 빠지지도 않는 부분집합으로 전체를 파악하는 개념이다.

맥킨지에서 개발한 MECE는 상품기획이나 각종 조사 작업에서 다양한 변수를 빠짐없이 검토할 때 매우 유용하다. 예를 들어 상품기획 단계에서 '핵심 기능', '고객 연령', '고객 성별', '가격대' 등의 기준으로 MECE가 충족되도록 분할하다 보면 타깃을 구체적으로 정의할 수 있게 된다. 막연하게 직감으로 '요즘 젊은 여성의 구매력이 높으니까 20대 커리어우먼을 타깃으로 하자'라고 생각하는 것보다 정확하고 구체적임은 말할 것도 없다. 제조 단계에서는 MECE를 적용해 제품 불량률을 낮추기 위해

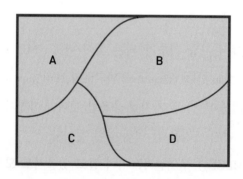

˚MECE로(겹치지도 않고 빠지지도 않게) 분류한다.

제품을 부위별로 나누어 빠짐없이 점검할 수 있다.

　그 외 2장에서 21가지 대표적인 프레임워크 중 하나로 제시한
가치 사슬(물류 투입→운영·생산→유통→마케팅 →서비스)도 프로세
스에 MECE를 적용한 경우라 할 수 있다.

　기업을 구성원 수나 자본규모별로 나누는 것도, 시험예비소집
에서 학교를 남학교·여학교·남녀공학으로 분류하는 것도 모두
MECE를 적용한 것이다. 남학생이면서 동시에 여학생인 경우는
없지 않은가.

　이처럼 MECE는 현상을 논리적이고 효율적으로 사고하도록
해주는 기본 중의 기본이다.

　MECE 사고에 익숙해지면 MECE에 맞지 않은 분류를 보면 찝
찝한 기분이 들 것이다. 가끔 설문조사지를 받아보면 인적사항
을 표시할 때 '기혼·미혼'으로만 분류돼 있는 경우가 있다.
'흠… 결혼을 한 적이 있기는 하지만 지금은 싱글인 나는 어디
에다 표시하라는 거야?' 하고 난감해할 사람이 있지 않을까?

　이 질문은 MECE를 충족하지 못했다. 그래서 이런 고민과 짜
증이 생기는 것이다. 전체 설문대상자의 의견이 어느 범위까지
확장될지 파악하지 못해서 생기는 문제다.

　그런 문항을 볼 때마다 '뭐가 이렇게 허술해?' 하는 느낌이 든

다면, 나로서는 대환영이다. 당신이 그만큼 논리적 사고에 익숙해졌다는 것이며, 매일같이 일어나는 현상들을 MECE 방식으로 분류하는 습관이 붙었다는 뜻이므로.

　MECE가 적용되지 않은 대표적인 예를 들라면 인터넷 쇼핑몰의 제품 카테고리를 꼽을 수 있다. 하나의 상품이 여러 카테고리에 포함돼 있는 것을 보았을 것이다. 이것은 아무리 봐도 MECE가 아니다. 그러나 인터넷 쇼핑몰에서는 제품이 여러 카테고리에 포함된다고 해서 별로 문제될 것이 없다. 오히려 제품 노출을 확대하기 위해 의도적으로 MECE를 무시했다고 보는 것이 맞다. 2장에서 대표적 프레임워크로 소개한 '전략의 3C'나 '마케팅의 4P', '조직의 7S' 등도 엄밀히 말해 완전한 MECE는 아니다.

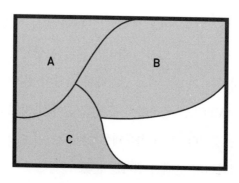

MECE가 아니다(누락된 것이 있다).

CHAPTER 3

물론 MECE에 딱 들어맞지 않는다는 이유로 이런 프레임워크가 전혀 쓸모없는 것은 아니다. 중요한 것은 MECE를 무조건 추종하는 것이 아니라, 현상을 MECE로 많이 분석하면 할수록 그 현상을 잘 정리해서 받아들일 수 있다는 사실을 인식하는 것이다.

그런데 MECE는 전체를 분석할 수 있다는 장점이 있지만, 그 때문에 일반인들이 활용하기에는 왠지 어렵게 느껴지기도 한다. 그럴 때는 '2×2 매트릭스' 방법을 사용해보자. 이 기법은 MECE를 만들 때 매우 유용하다.

90쪽에 소개하는 매트릭스 중 첫 번째는 내가 《연봉 10배 올리는 공부법》을 냈을 때를 이미지화해서 매트릭스로 만든 것이다. 여기서 '자기계발에 적극적인 독자×온라인 활동가'를 타깃으로 정한 데는 이유가 있다. 당시는 온라인 출판시장이 비약적으로 성장하던 시기였다. 무명작가인 나로서는 기존 출판시장에 대한 정보가 많지 않았기 때문에 상대적으로 진입장벽이 낮은 온라인 시장에서 좋은 평가를 받고 나서 기존의 출판시장에 파급효과를 노리자는 전략을 세운 것이다.

이와 똑같은 방식으로 《돈은 은행에 맡기지 마라》를 구상했을 때에도 2×2 매트릭스를 만들었다. 그때는 '투자경험'과 '예금에 대한 만족도'를 기준으로 '투자경험도 없고 예금에 대한 만족도도 낮은 독자'를 타깃으로 정했다.

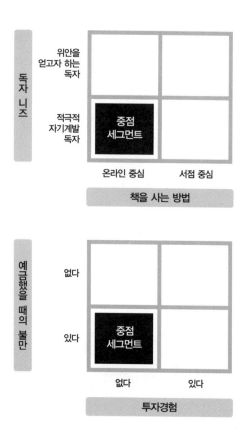

나의 적용사례에서 보듯이, 핵심적인 두 가지 기준만 있어도 제품 컨셉이나 타깃을 훌륭히 정의할 수 있다. 그러니 MECE가 다소 어렵게 느껴진다면, 우선 이것만이라도 간단하게 알아두자.

'어떤 것을 생각할 때에는 최저 2×2로 정리하거나 또는 기존의 MECE 방식으로 나누어 정리한다.'

이것이 논리사고를 익히는 첫걸음이다.

② 로직 트리로 파악한다

현상을 MECE를 토대로 자세하게 전개하면 피라미드 형태를 띠게 된다. 나무가 가지를 치듯 뻗어나가는 속성이 있기 때문에 '로직 트리(logic tree)'라고도 부른다.

이 책의 3장도 로직 트리를 이루고 있다는 점을 혹시 눈치 챘는가? 바로 다음 그림과 같은 구조다.

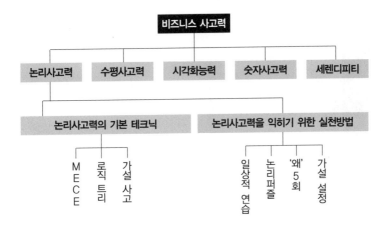

이번에는 좀 더 일반적인 예를 통해 로직 트리를 이해해보자.

'기업의 수익증가'라는 관점에서 로직 트리를 만들면 92쪽의 그림과 같다. 이때 '매출증가'와 '비용절감'은 MECE다. 그렇다면 매출증가 방법은 무엇이 있는가? 크게 보면 '기존고객 매출증가'와 '신규고객 매출증가'로 볼 수 있다. 물론 이것도 MECE다.

이처럼 로직 트리를 작성하면 매우 세부적인 수준까지 문제

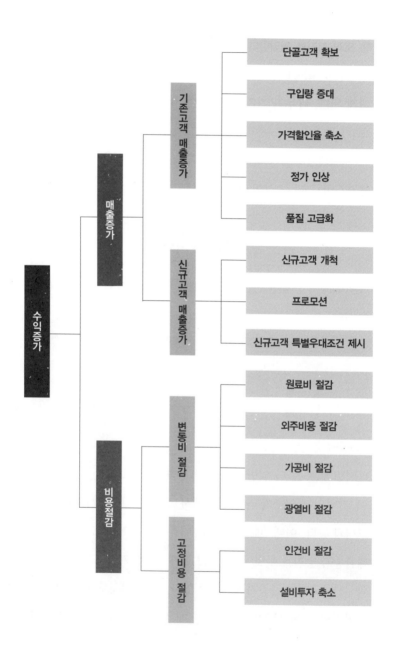

단골고객 확보

구입량 증대

가격할인율 축소

정가 인상

품질 고급화

기존고객 매출증가

신규고객 개척

프로모션

신규고객 특별우대조건 제시

신규고객 매출증가

매출증가

원료비 절감

외주비용 절감

가공비 절감

광열비 절감

변동비 절감

인건비 절감

설비투자 축소

고정비용 절감

비용절감

수익증가

를 분해할 수 있다. '신규고객 특별우대조건 제시', '원료비 절 감' 등에서 볼 수 있듯이, 구체적으로 분해한 내용은 그 자체가 곧바로 실행지침이 되기도 한다(단, 실천방안 단계에 이르면 MECE가 충족되지 않을 수도 있다).

중요한 것은 새로운 정보를 얻었을 때 언제 어디서나 MECE에 맞는 단층구조를 이미지화하고 분해할 수 있는가 여부다. 이런 작업을 능숙하게 할 수 있으면 '분석'도 쉬워지고, 6단계 사고에 서 '통합' 및 '평가' 프로세스로 어렵지 않게 넘어갈 수 있다.

일례로 기업매출을 올리려고 해도 어디가 문제인지 모르면 실 행에 옮길 수 없다. 반면 현상을 MECE 구조로 분해하면 신속 하게 실태를 분석해 문제점을 찾아낼 수 있을 것이다.

컨설턴트 시절, 내가 상사들로부터 가장 자주 들은 말이 바로 '진실은 디테일에 있다'였다. 현상을 자세하고 알기 쉽게 나누 는 작업을 거쳐야 비로소 다음 단계로 넘어갈 수 있다.

③ 모든 사고는 가설에서 시작한다

지금까지 우리는 현상을 분해하는 방법을 알아보았다. MECE 나 로직 트리를 이해하는 것만으로도 실무에 적잖이 도움이 될 것이다. 분해를 잘하면 분석이 쉬워진다. 그리고 분석이 쉬워지 면 가설을 세우기도 한결 수월하다.

입수한 정보 중에서 아직 사실로 검증되지 않은 부분에 대해 '이렇지는 않을까?' 하고 상상하거나 예측하는 것이 바로 가설이다.

예를 들어 '하늘을 보니→비가 올 것 같다→그러니 우산을 들고 가야지'라는 '하늘·비·우산'의 프레임워크에서는 무엇이 가설인가? 그렇다. '비가 올 것 같다'는 부분이 가설이 된다.

앞에서 언급한 《돈은 은행에 맡기지 마라》의 타깃독자를 매트릭스로 분류하고 나서, 나는 다음과 같은 가설을 기초로 사고를 전개했다.

- 투자경험은 없지만, 은행에 돈을 예금하는 것에 불만을 느끼는 사람이 많을 것이다.
- 서점에서 찾아보니, 이런 불만에 대해 제대로 해결책을 제시하는 책은 없다.

이처럼 MECE와 로직 트리를 자유자재로 사용할 줄 알게 되면, 대안이 될 만한 가설을 세우는 데 큰 도움이 된다. 이를 한마디로 정리하면 'MECE＋로직 트리=가설사고' 정도가 될 것이다.

물론 이런 가설사고가 익숙하지 않다면, 사소하고 간단한 것에까지 MECE 같은 거창한 사고법을 써야 하는지 회의가 들 수 있다. 그러나 'MECE＋로직 트리' 기법을 아는지 모르는지에 따라 발상 이후의 사고과정이 크게 달라진다는 사실을 알아야 한다.

즉흥적인 발상에서 나온 단순한 예상과 'MECE + 로직 트리'에 근거해 설정한 가설은 실제로 분석을 했을 때, 그 결과가 엄청나게 다르다. 즉흥적인 발상으로 어쩌다 클린 히트나 홈런을 칠 수도 있겠지만, 유감스럽게도 그럴 확률은 매우 낮다. 반면 항상 'MECE + 로직 트리'로 발상하고 가설을 세우는 습관을 가진 사람은 언제나 안정된 성과를 창출할 수 있다.

가설사고를 하는 습관이 몸에 밴 사람은 다음과 같은 사이클을 반복하면서 보다 정확한 가설을 세워나간다. 그러나 즉흥적으로 생각하는 사람은 백 번을 반복해도 정확도를 올리기 힘들다.

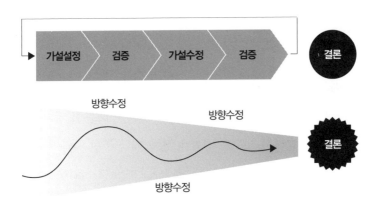

가설사고를 하는 습관이 있는 사람은 보다 정확한 가설을 세울 수 있다.

논리사고력을 익히기 위한 4가지 실천방법

그렇다면 과연 어떻게 하면 숨 쉬듯이 자연스럽게 MECE를 써서 로직 트리를 만들고, 가설설정을 척척 해낼 수 있을까?

지금부터 누구든 쉽게 실천할 수 있는 4가지 방법을 살펴보도록 하자.

① 무엇이든 2×2 매트릭스에 넣어라

2×2 매트릭스는 가설설정을 할 때 매우 큰 도움이 된다.

그러므로 혼자서 새로운 전략을 세울 때나 주변 사람에게 새로운 것을 설명할 때, 일단 현상을 2×2 매트릭스로 구분하고 적용해보는 습관을 들이도록 노력하자.

처음부터 2×2 구조를 치밀하게 짜려고 애쓰지 않아도 된다.

계속 연습을 반복하다 보면 자연스럽게 효과적인 방식을 스스로 찾아낼 수 있을 것이다.

  다음과 같은 문제에 대해 어떤 매트릭스를 만들면 좋을지 생각해보자. 당신이라면 어떤 기준으로 분류하겠는가?

  나는 다음과 같은 매트릭스를 구상해봤다.

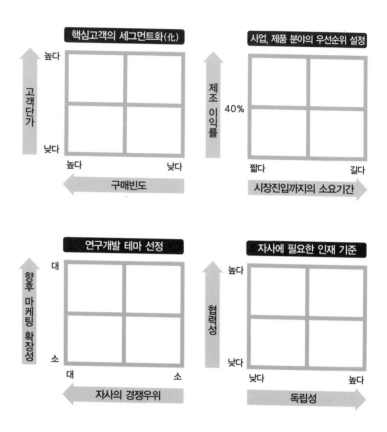

어떤가? 당신의 생각과 비슷한가? 당신의 구분이 훨씬 타당할 수도 있으므로, 내 안(案)대로 따라가지 말고 당신의 매트릭스를 로직 트리로 보다 정교하게 발전시켜보자.

2×2 매트릭스에는 한 가지 장점이 더 있다. 바로 '버리는 기술'로도 손색이 없다는 점이다.

무엇이든 새로운 것을 시작하면 꼭 주변에 잡음이 끼게 마련이다. 그럴 때 이 매트릭스를 활용하면 새겨들어야 할 잡음과 흘려들어도 되는 잡음을 그때그때 구별해낼 수 있다. 그러면 이도 저도 아닌 애매한 아이디어나 가설에 휘둘리지 않고 핵심에 집중할 수 있다.

나아가 어떤 새로운 과제를 해결해야 할 때, 각 항목을 '2×2'로 나누고 그중 한 영역을 타깃으로 정하면 전체의 4분의 1 영역에 모든 역량을 집중할 수 있다. 그만큼 문제해결에도 한발 더 가까워질 것이다.

② 틈날 때마다 논리퍼즐을 풀어라

두 번째로 추천하고 싶은 방법은 논리퍼즐 잡지나 책을 많이 읽는 것이다.

시중에는 좋은 논리퍼즐 책이 많이 나와 있으니 한두 권쯤 사서 직접 풀어보자. 최근 유행하는 스도쿠나 루빅큐브 또는 고전적인 십자말풀이를 하는 것도 나쁘지는 않지만, 그런 퍼즐만 풀면 한쪽 머리만 열심히 쓰게 된다.

논리퍼즐은 언제 어디서나 짬 날 때마다 할 수 있다는 장점이 있다. 무엇보다 어려운 문제를 풀고 나면 그 상쾌함이 이루 말할 수 없을 정도다. 나는 초등학교 시절부터 논리퍼즐을 아주 좋아했다. 물론 지금도 마찬가지다.

문제를 많이 풀다 보면, 어떤 문제를 보자마자 '아, 이거다!' 하는 느낌이 올 때가 있다. 어설프긴 하지만 '양질전화(量質轉化)'가 일어나는 것이다. 사람은 흉내 낼 줄 아는 능력이 있기 때문에, 이런저런 흉내를 많이 내보면 어느새 자기 것이 되어 혼자서도 할 수 있게 된다.

안타까운 사실은, 사람들은 몸을 단련하는 데는 많은 노력을 기울이는 반면, 머리를 단련하는 데는 그다지 신경 쓰지 않는다는 점이다. 이제부터라도 하루 30분씩 유산소운동을 하듯이 논리퍼즐을 매일 몇 개씩 풀어보자. 그렇게 두뇌를 단련하다 보면 1, 2년 후에는 탄탄한 기초논리력을 갖출 수 있을 것이다.

③ '왜?'라고 다섯 번 물어라

로직 트리를 훈련하는 데는 '왜 다섯 번'이 좋다. '왜?'를 반복하다 보면 점점 깊이 생각할 수 있게 되기 때문이다.

예를 들어 '매출을 올린다'는 가설을 생각해보자.

1. 어느 지역의 매출이 올라가지 않는가? ▶ 지방 매출이 부진하다.
2. 왜 지방의 매출이 부진한가? ▶ 지방 영업직원의 매출이 떨어지고 있다.
3. 왜 지방 영업직원의 매출이 떨어지고 있는가? ▶ 지방의 대리

점들이 통폐합되면서 고객이 줄고 있다.

4. 왜 지방의 대리점들이 통폐합되면서 고객들이 줄고 있는가?
▶지방의 일부 대리점들이 문을 닫고 있다.

5. 왜 지방의 일부 대리점들이 문을 닫고 있는가? ▶지방의 대리
점들이 인력난을 겪고 있다.

이렇게 생각해보면, 지방 대리점에 대한 방안을 다음과 같이
구체적으로 세울 수 있다.

- 영업직원을 교체하는 대신, 온라인 판매를 활성화해 영업효
  율을 높인다.
- 인력난을 겪고 있는 대리점의 문제해결에 적극적으로 나선다.

나아가 '왜'를 5회 반복하면 그 자체로 MECE 훈련이 된다.
각 단계마다 생각할 수 있는 이유들을 MECE로 분해하고, 그중
특히 중요한 것을 골라내는 프로세스이기 때문이다.

그렇다면 이번에는 좀 더 일상적인 예를 들어보자. '나는 왜
다이어트에 실패하는가?'에 대해 생각해보겠다.

1. 왜 다이어트에 실패하는가? ▶단 음식을 끊기 힘들기 때문이다.

2. 왜 단 것이 먹고 싶은가? ▶과도한 스트레스를 해소하고 싶

기 때문이다.

3. 왜 스트레스가 쌓였는가? ▶ 회사에서 매일 늦게까지 일하기 때문이다.

4. 왜 회사에서 매일 늦게까지 일하는가? ▶ 신임 직장상사가 아직 업무에 적응하지 못한 데다 내 업무도 효율적이지 않기 때문이다.

5. 왜 일이 효율적이지 않은가? ▶ 내가 개척해야 할 분야의 시장정보를 입수하지 못했기 때문이다.

이렇게 생각해보니, 다이어트 때문에 단 것을 무리하게 금하는 것은 좋은 해결책이 아니다. 그 대신 개척시장에 대한 정보를 입수해서 업무효율을 높이는 방안을 모색하는 편이 훨씬 효과적이다.

④ 관찰을 통해 가설을 세우는 습관을 들여라

앞에서 '왜?'를 5회 반복함으로써 가설에 도달하는 방법을 알아보았다. 그런데 가설을 세우려면 꼭 '왜', '왜' 하고 따져 물어야 할까? 일상생활에서 직감으로 가설을 세울 수는 없을까?

물론 그런 방법도 있다. '관찰'을 잘하면 된다.

직장동료와 점심식사를 할 때, 그 사람을 성별, 좋아하는 음식 스타일, 체격 등 몇 가지 기준으로 분류해보자. 그런 다음 그

분석결과를 토대로 여러 가지 메뉴 가운데 그 사람이 무엇을 고를지 가설을 세워보자.

예를 들어 A는 남성이고 푸짐한 요리를 좋아하며 체격도 좋다. 그렇다면 점심식사로는 함박 스테이크와 굴튀김 세트 같은 배부른 음식을 고를 가능성이 높다. 반면 날씬하고 몸매에 신경을 많이 쓰는 B는 채소 리조또 같은 저칼로리 음식을 주문할 것이다.

이런 가설은 즉시 결과를 보고 검증할 수 있다는 장점이 있다. 거기서 좀 더 발전하면 옆 테이블에 앉은 사람의 차림새나 머리 모양을 보고 어떤 타입인지 추측해 그 사람이 주문할 메뉴를 예측해볼 수도 있다.

그 밖에 영화를 볼 때 앞으로 전개될 내용을 예상하는 방법도 있다. 이번 달의 베스트셀러 중에서 다음 달에도 베스트셀러로 남을 책과 그렇지 않은 책을 구분해보고, 매주 그 가설을 재평가하는 것도 좋은 방법이다.

TV 드라마나 인기소설, 영화 등을 볼 때 항상 기억해야 할 것이 있다. 왜 그것이 유행하는지, 어떤 점이 사람들의 마음을 움직이는지, 그리고 그 시대배경은 어떤지 등, 현상의 '이면'을 생각해보는 것이다. 대부분의 진실은 이면에 있는 법이다.

4

궤변을 경계하라

지금까지 어떻게 하면 논리사고를 할 수 있는가에 대해 설명했다. 이번에는 주의해야 할 함정에 대해 설명하고자 한다.

너무 논리만 내세우다 보면, 예외적인 경험이나 사례처럼 원래 인과관계가 없던 것까지 무리하게 논리에 끼워 맞추는 궤변이 될 수도 있다. 그것을 '휴리스틱(heuristic)'이라 한다. 쉽게 말하면 '말도 안 되는 주먹구구식 억지 논리'다.

억지 논리의 한 예로 심리학자 스키너(Burrhus Frederic Skinner)의 '비둘기 실험'이 있다. 스키너는 먼저 비둘기가 버튼을 누르면 먹이가 나오는 장치를 만들어 비둘기가 그 과정을 학습하도록 했다. 그런 다음, 이번에는 버튼을 누르는 것과 상관없이 무작위로 먹이가 나오도록 설정을 바꿨다. 과연 어떤 일이 벌어졌을까?

비둘기들은 각자 '머리를 돌리면 먹이가 나왔다'든지 '버튼을 세 번 누르면 먹이가 나왔다' 등 제각각의 우연에 따른 결과를 절대적인 법칙인 양 착각하고 계속 그런 행동을 반복했다.

'비둘기 머리가 그렇지, 뭐' 하고 편하게 생각할 일이 아니다. 우리 인간도 '아침에 노른자가 터지지 않은 계란프라이를 먹었더니 그날은 하루 종일 운이 좋았다. 그래서 나는 매일 아침 노른자가 터지지 않은 계란프라이를 먹는다'는 식의 말도 안 되는 징크스를 좇지 않는가!

터무니없는 궤변에 빠지지 않기 위해서는 하나의 편향된 가설을 쉽게 믿어버리는 자세를 경계해야 한다. 이 점만 조심하면 논리사고력은 당신의 생각에 깊이를 더해주는 최상의 무기가 될 것이다. 특히 비즈니스 사고의 6단계 중 분석 이후의 단계까지 나아가는 데 없어서는 안 될 핵심 파트너다.

지금까지 비즈니스 사고력의 첫 번째 능력인 논리사고력에 대해 알아보았다. 논리사고력은 훈련하기에 따라 비교적 빨리 익힐 수 있는 스킬이다. 퍼즐을 많이 풀고, 일상에서 생기는 문제들을 논리사고를 통해 해결하는 습관을 들이면 자연스럽게 연마할 수 있다.

그러므로 부디 지금까지 소개한 방법들을 실제로 해보고, '지금까지는 몰랐는데, 이제는 뭔가 알 것 같기도 하다'고 느끼기를 바란다.

CHAPTER

4

수평사고력
다르게 보고, 새롭게 조합한다

평 가

지적체력
세렌디피티

통 합

언어능력
숫자사고력
시각화능력

분석

수평사고력
논리사고력

응 용

이 해

지 식

LATERAL THINKING

1

창의성의 원천, 수평사고력

논리사고력을 익힌 다음에 도전할 스킬은 '수평사고력(lateral thinking)'이다.

수평사고는 논리사고처럼 단계를 밟아가며 사고하는 것이 아니라, 문제에 대한 전혀 새로운 해법을 찾는 사고법이다. 즉 '직감과 상상, 정보 등을 잘 조합하여 해답이 되는 가설을 이미지화하는 방법'이다. 1970년대에 교육학자 에드워드 드 보노(Edward de Bono)가 제창한 이래 많은 학자들에 의해 발전돼왔다.

'왜'를 5회 반복하는 것에서 알 수 있듯이, 논리사고는 어떤 일을 수직적으로 깊이 생각하는 사고법이다. 그래서 논리사고를

'수직사고'라고도 한다. 그에 반해 수평사고는 넓게 생각하는 사고법으로서, 문제 정의 자체에 의문을 품고 생각을 펼쳐나간다. 따라서 문제의 해답으로 내놓을 수 있는 조합이 수직사고보다 훨씬 많고, 그만큼 창조적인 발상을 할 수 있다는 장점이 있다.

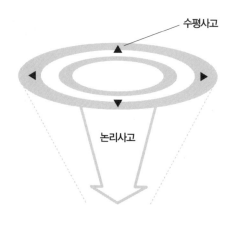

┃ 수평사고와 논리사고 ┃

그러나 비즈니스 현장에서는 수평사고라는 말이 논리사고만큼 많이 쓰이지는 않는 것 같다. 현대 사회에서는 논리사고를 통해 수직적으로 자세히 따져보고 문제를 해결하는 것만 지나치게 당연시되고 있다.

그러나 수평사고가 논리사고에 비해 중요하지 않은 것은 결코 아니다. 사실 인간의 진정한 강점은 수평사고에 있다고 해도 과언이 아니다. 어떤 사안에 대해 폭넓게 문제해결의 실마리를 찾아갈 수 있다면, 뜻하지 않은 난관을 돌파하는 데 도움이 될 것이다.

여기에 논리사고가 더해져 조화를 이루면 문제를 해결할 때 보다 정확하고 다양한 답을 찾는 '입체적 사고'가 가능해질 것이다.

그렇다면 수평사고란 구체적으로 어떤 것인가? 쉽게 설명하기 위해 에드워드 드 보노가 제시한 유명한 문제를 소개하도록 하겠다. 이미 답을 알고 있다면, 왜 이것이 수평사고인지 숙고해보기 바란다.

옛날에 아름다운 딸을 둔 상인이 살았다. 이 상인은 어느 심술쟁이 고리대금업자 노인으로부터 돈을 빌렸는데, 그만 갚지 못하게 되었다. 그러자 고리대금업자는 상인에게 제비뽑기를 제안했다.

고리대금업자는 빈 모자에 흰 돌과 검은 돌을 넣고, 만약 상인의 딸이 흰 돌을 뽑으면 상인의 빚을 탕감해주겠노라고 했다. 그러나 검은 돌이 나오면 빚 대신 딸을 내놓으라는 것이었다.

딸이 제비뽑기를 거부하면 상인은 감옥에 가야 할 판이었다. 그렇게 되면 딸도 생계가 막막해질 것이고…. 결국 상인은 어쩔 수 없이 제비뽑기 제안을 받아들였다.

그러자 고리대금업자는 곧장 정원에 있던 돌을 주워 모자에 담았다. 그런데 딸이 옆에서 슬쩍 보니 고리대금업자가 모자에 넣은 것은 둘 다 검은 돌이었다. 그러고는 고리대금업자는 딸에게 부녀의 운명을 결정할 돌을 뽑으라며 윽박질렀다.

자, 당신이 상인의 딸이라면 어떻게 하겠는가?

이 문제를 수직사고에 따라 논리적으로 생각하면 다음과 같은 선택지를 떠올릴 수 있다.

- 돌을 뽑지 않는다.
- 모자 안을 열어 검은 돌이 두 개 있는 것을 확인하고, 고리대금업자가 두 사람을 기만했다는 사실을 폭로한다.
- 검은 돌을 뽑아 아버지가 감옥에 가는 것을 막고, 자기 자신을 희생해 고리대금업자의 부인이 된다.

그런데 이것은 어디까지나 '딸이 뽑은 돌'을 확인한다는 전제하에 생각한 해답이다. 수평사고에서는 '어느 돌을 뽑는가'가 아니라 '모자 안에 어느 돌을 남겨놓는가'에 주목한다.

이제 상인의 딸이 어떻게 할지 알겠는가?

그렇다. 상인의 딸은 모자 안에 손을 넣어 돌을 한 개 뽑는 것과 동시에 그 색깔을 보지 않은 채 실수인 척 정원 바닥에 떨어뜨렸다.

그렇게 하면 다른 돌과 뒤섞여 그 돌이 무슨 색이었는지 알 수 없게 되고 만다. 그러고는 "실수로 돌을 떨어뜨려서 무슨 색이었는지 모르겠지만, 모자 안에 남은 돌을 보면 알 수 있겠죠."라고 고리대금업자에게 말했다.

이렇게 해서 상인 부녀는 무사히 같이 살 수 있게 되었고, 상인의 빚도 깨끗이 없어졌다.

물론 논리사고를 해서 '돌을 떨어뜨려 감춘다'는 답을 내릴 가능성이 아예 없는 것은 아니다. 그러나 MECE 같은 논리사고를 통해 하나하나 가능성을 타진해볼 때까지 고리대금업자가 기다려줄 리 만무하다. 이처럼 창조적인 발상이 요구되는 상황에는 문제의 전제 자체를 바꿔놓는 수평사고력을 발휘해야 한다.

이러한 수평사고를 '상자 밖에서 도출한 해결방안(out of the box solution)'이라 한다. 우리 인간은 기발한 생각을 해내는 특기가 있다. 코페르니쿠스의 지동설이나 아인슈타인의 상대성이론 같은 역사상의 대발견들이 그 증거다.

비단 거창한 대발견이 아니더라도, 지금 이 순간에도 끊이지 않고 쏟아져 나오는 신제품들에는 크고 작은 '상자 밖의 해법'이

들어 있다.

그런데 수평사고의 창조적 면이 워낙 강하다 보니, 사람들은 으레 수평사고는 소수의 천재나 괴짜들의 전유물이라 생각하고 지레 포기하는 경향이 있다. 하지만 수평사고도 논리사고와 마찬가지로 테크닉과 실천을 통해 익힐 수 있다.

이제부터 수평사고를 단련하는 방법을 안내하겠다. 수직사고와 마찬가지로 3가지 기본 테크닉과 4가지 실천방안을 중심으로 비즈니스 및 일상생활에서 수평사고의 질을 높이는 연습을 해보자.

수평사고력의 3가지 기본 테크닉

① 무의식적인 전제를 의심한다

코페르니쿠스의 지동설은 어떻게 태동했는가? 당시 절대 진리로 통용되던 '천동설'이라는 전제를 의심하면서부터 시작되었다.

사람들은 대부분 어떤 문제를 생각할 때, 무의식적으로 특정 전제를 근거로 사고를 진행한다. 그렇게 해서는 전제가 설정해 놓은 한계범위 안에서만 끙끙댈 수밖에 없다.

무언가 새로운 아이디어를 낼 때는 '주어진 전제 자체가 타당한가'부터 의심해봐야 한다. 나는 이것을 '그거 정말이야?' 테크닉이라 부른다.

다음 문제를 한번 풀어보자.

한 초상화 앞에서 어떤 남자가 이렇게 말했다.

"나는 아들도 형제도 없지만, 이 사람의 아버지는 내 아버지의 아들입니다."

이 초상화는 과연 누구를 그린 것일까?

정답을 알아냈는가? 이 그림은 바로 '그 남자의 딸'의 초상화였다.

답을 알고 나면 무척 간단한 문제다. 그러나 이 답은 의외로 얼른 생각해내기 힘들다. 왜냐하면 우리는 생각을 할 때, 앞서 말했듯이 과거의 단편적인 경험에 근거해 판단해버리는 '휴리스틱' 사고를 하기 때문이다.

때로는 그런 태만한 사고가 큰 오류를 낳을 수도 있다. 그중에서도 가장 빈번하게 문제가 되는 휴리스틱은 다음 3가지다.

대표성 휴리스틱

전형적이라고 생각하는 것을 판단에 이용하는 것이다. 초상화 퀴즈의 경우, 우리는 '초상화'라는 단어를 보고 무의식적으로 지금까지 익숙하게 보아왔던 멋진 노인의 초상화를 떠올리곤 한다.

이용 가능성 휴리스틱

일상생활에서 간단하게 이용할 수 있는 정보로 판단해버리는

116

것이다. 초상화 퀴즈의 경우, 문제에 아들이나 형제, 아버지가 있었기 때문에 거기에 생각을 한정짓게 된다.

고착성 휴리스틱

최초에 표시한 특정 숫자 등이 인상에 남는 것이다. 초상화 퀴즈의 경우, 아들도 형제도 없다고 했기 때문에 무의식적으로 '남성'이라는 조건이 인상에 남게 된다.

이 3가지 휴리스틱은 경험이 많은 사람일수록 걸리기 쉬운 덫이다. 내가 컨설턴트였을 때 수없이 들었던 말이 바로 '백지 상태에서 현상을 재고하라'였다. 이 말에는 사고의 시야를 넓혀주는 마법과 같은 힘이 있다.

휴리스틱을 반성적으로 고찰하다 보면 '성공에는 보복이 따른다'는 교훈도 덤으로 얻을 수 있다. 이 말은 성공을 경험하면 할수록 환경 변화에 대한 민감성이 점점 떨어진다는 뜻이다. 그러다 보면 실행력도 떨어지고, 결국 실패를 맛보게 된다.

컨설팅 회사에 근무할 때, 내가 제안한 안건이 큰 성과를 올린 적이 있었다. 내가 근무하던 회사는 타사와 공동개발을 하는 것에 대해 '행정지도와 규제' 때문에 불가능하다는 것이 관행처럼 굳어져 있었다. 그러나 실제로 안 되는 것인지 '의심'을 품고 조사해보니, 그 규제는 이미 10여 년 전에 철폐된 것이 아닌가! 만약 규제에 대한 아무런 전제지식이 없었다면 10년 동안 수많은 협력 프로젝트를 성사시켰을지도 모를 일이다.

전제를 의심하기 위해서는 다음과 같이 사고하는 습관을 들여야 한다.

첫째, 누구나 뿌리 깊은 전제 사고, 즉 휴리스틱을 갖고 있음을 자각한다.

둘째, 전제를 의심하는 근본적인 질문을 던진다. 논리사고에서 말한 '왜 다섯 번'도 좋고, '만약 ~라면' 같은 가정도 좋다.

셋째, 각 분야의 베테랑이나 전문가들의 말을 수집해 검토해보고, 그것과 반대로는 안 되는지 생각해본다.

이처럼 언제 어디서나 통설과 상식에 대해 '그거 정말이야?' 하고 건전한 의심을 품는 습관을 가지는 것은 매우 중요하다.

② 사물에 대해 새로운 관점을 갖는다

수평사고의 두 번째 테크닉은 '사물을 볼 때 새로운 시각을 갖는 습관'을 들이는 것이다. 이 테크닉은 앞서 말한 전제를 의심하는 것과 비슷하지만, 각자의 고집에서 비롯된 '자신만의 사고방식에서 멀어지는 것'이 포인트다.

이때는 '나의 관점'이 혁신 대상이다. 분명 각자의 가치관이나 경험, 정보로는 지금 갖고 있는 사고방식이 최선이겠지만, 입장을 바꿔보면 터무니없는 생각인 경우가 허다하기 때문이다.

기업에서 전략을 세울 때 3C, 즉 자사·경쟁사·고객의 관점에서 두루 생각하는 이유도 자사의 편향에 빠지는 것을 경계하기 위해서다. 마치 신이 하늘에서 상대방과 나를 내려다보듯이 하나의 전략을 서로 다른 입장에서 면밀히 검토해보는 것이다.

고객의 입장에서 생각하기 위한 방법 중 대표적인 것으로 '포커스 그룹 인터뷰(FGI)'가 있다. 이것은 다양한 집단에서 잠재고객을 50~60명 단위로 모아, 신제품이나 기존 제품에 대한 의견을 1~2시간 정도 자세히 듣는 것이다. 그런 다음 인터뷰 결과를 연령대, 직업, 상품 사용 여부 등으로 나누어 분석한다. 이 과정을 10회 정도 반복하면 고객의 니즈를 보다 구체적으로 파악할 수 있다. 나는 실제로 포커스 그룹 인터뷰를 수십 차례 실행하면서 '어! 이건 나 혼자서는 꿈도 못 꿨을 생각인데' 하고 놀란 적이 많았다. 지금도 기억나는 대표적인 예를 몇 가지 들어보겠다.

> ■ 소비자금융기관에서 돈을 빌린 사람의 이야기다. 예를 들어 총 50만 엔이 한도액이고 그중 10만 엔을 빌렸을 때, 채무자

는 '빚이 10만 엔 있다'가 아니라 '아직 40만 엔이나 여유가 있다'고 느낀다고 한다.

- 통신교육 업계 종사자의 이야기다. 통신교육 마케팅의 요령은 '적당히 결석하도록 유도하는 것'이다. 수강생이 너무 열심히 출석하면 더 이상 새로운 강좌를 들을 필요가 없기 때문이다. 반면 수강생들이 강좌를 적당히 결석해가면서 듣도록 유도하면, 수강생들은 보충하는 차원에서라도 또 새로운 강좌를 듣는다고 한다.

- 휴대전화 사용자들을 인터뷰해보면 번호를 바꾸고 싶지 않다고 하는 사람이 많지만, 개중에는 일부러 바꾸는 사람들도 있다. 그것은 이사하는 것과 같은 심리로, 정기적으로 전화번호를 바꿔서 인간관계를 청산하기 위한 것이다. 전화번호를 바꾼 다음에 새로 알게 된 사람이나 아주 친한 사람들하고만 통화하겠다는 계산이다.

그 사람의 입장이 되어보지 않으면 이런 생각들을 할 수 있을까? 비즈니스 세계에서는 이처럼 전혀 새로운 시각이 황금열쇠가 되는 일이 비일비재하다.

눈앞의 문제나 룰에 대해 새로운 시각을 갖기 위해서는 다음과 같은 사고방식을 가져야 한다.

① 왜 이 문제를 해결해야 하는가?

② 문제설정 자체가 틀리지는 않았는가?

③ 문제를 달리 말할 수는 없는가?

④ 문제를 해결하면 누가 이익을 보고 누가 손해를 보는가?

2장에서 소개한 21가지 프레임워크도 결국 지금까지 간과했던 새로운 관점으로 대안을 모색하는 방식을 알려주는 것들이므로 수평사고 훈련에 이들 프레임워크를 적극 활용하도록 하자.

③ 별개인 것처럼 보이는 것들을 조합한다

현대사회는 정보과다, 상품과다 시대다. 당신이 필요로 하는 정보나 물건은 대부분 존재한다고 해도 과언이 아니다. 그러나 모자란 것이 없다고 만족해버리면 더 이상 나아갈 수 없게 된다. 어떤 상황에서든 새로운 것을 추구해야 내일의 발전을 기약할 수 있다.

그러나 '셰익스피어 이래 모든 문학은 셰익스피어의 모방'이라는 말이 있듯이, 하늘 아래 완전히 새로운 아이디어란 존재하지 않는다. 그러니 새로운 아이디어를 얻으려면 아무것도 없는 불모지에서 시작할 것이 아니라, 기존의 무언가를 조합하는 지혜를 발휘할 필요가 있다.

한 가지 예를 들어보자. 최근 수년간 '행동경제학(behavioral economics)'이라는 학문분야가 크게 주목받고 있다. 앞서 언급한 휴리스틱에 관한 연구도 행동경제학에서 출발한 것이다.

그런데 행동경제학은 익히 알다시피 새로운 학문분야가 아니라 종래의 전통적인 경제학에 심리학을 결합한 학문이다.

전통적인 경제학에서 전제하는 인간은 매우 합리적인 존재이기 때문에, 정보를 손에 넣으면 바로 그에 상응하는 정확한 판단을 내릴 수 있다. 반면 심리학에서는 그런 것은 비현실적이라는 입장을 취하면서, 인간의 심리에는 여러 가지 왜곡과 편견(bias)이 있다는 것을 증명해왔다.

행동경제학은 이런 '인간심리의 왜곡을 경제현상에 적용하면 어떻게 될까' 하는 발상에서 태동했다. 그러자 전통 경제학의 '합리적 경제인(Homo Economicus)' 모델로는 해석할 수 없는 인간의 온갖 비이성적인 경제활동이 자연스럽게 설명되기 시작했다. 심리학자로서 행동경제학을 발전시킨 대니얼 카너먼(Daniel Kahneman)이 노벨경제학상을 수상할 정도로, 현재 행동경제학은 경제학에서 그 위상을 높여가고 있다.

나는 이런 일련의 흐름을 '조합 가치'라 표현한다. 요즘에는 기술과 정보가 넘쳐나고 있기 때문에, 기술이나 정보 자체보다는 그것들을 수집해 조합하거나 패키지로 묶고 솔루션으로 발전시키는 능력이 더 중요해졌다. 특히 언뜻 보아서는 상관관계를 떠올릴 수 없는 것들을 조합해 새로운 사고를 할수록 그 가치가 높아진다.

새로운 조합을 만드는 방법으로 무작위로 카드를 뽑는다든지, 사전을 찾거나 관계없는 책을 마구 읽는 등 지금까지 여러 가지 방법이 개발되었다.

이렇게 무작정 시도하는 방법도 나름의 효과가 있겠지만, 나는 여기에 한 가지 더 추가하고 싶다.

항상 머리 한쪽에서 그 문제를 생각할 것.

이것이 가장 중요하다.

마치 곤충이 더듬이를 뻗듯이 해결해야 할 문제를 항상 염두에 두고 있으면, 정보를 수집하거나 평소 생활 속에서 새로운 것을 접했을 때 갑자기 머릿속의 회로가 연결되면서 '이것과 저것을 조합하면 이렇게 되겠구나!' 하고 깨닫는 순간이 온다. 나도 모르게 번뜩이는 아이디어를 얻게 되는 것이다.

물론 단순히 머릿속에 문제의식만 갖고 있다고 해서 아이디어를 얻을 수 있는 것은 아니다. 문제를 해결할 만한 수단과 정보를 다른 사람이나 책에서 적극적으로 찾아야 한다. 그렇게 해서 모은 정보들은 문제해결의 재료가 된다.

요점은 '무언가를 조합하면 되지 않을까?' 하는 생각을 항상 하는 것이다.

참고로 조합에 대해 생각할 때 편리하게 쓸 수 있는 프레임워크를 하나 소개하겠다. 창의성 분야의 대가인 알렉스 오스본(Alex Osborn) 교수가 제창한 '스캠퍼(SCAMPER)' 기법이다.

Substitute : 대용해보면 어떨까?

Combine : 결합해보면 어떨까?

Adapt : 응용해보면 어떨까?

Modify : 변경해보면 어떨까?

Put : 재배치해보면 어떨까?

Eliminate : 줄여보면 어떨까?

Reorder : 반대로 해보면 어떨까?

수평사고력의 기본 테크닉을 다시 한 번 정리해보자.

어떤 문제든 전제를 의심하고, 관점을 바꾸고, 조합해본다.

이 과정을 반복하다 보면, 문득 새로운 아이디어가 번쩍 떠오를 것이다.

3

수평사고력을 익히기 위한 4가지 실천방법

수평사고력도 논리사고력과 마찬가지로 일상적인 실천을 통해 몸에 익힐 수 있다. 그렇게 하면 참신한 아이디어를 비약적으로 늘릴 수 있을 것이다.

① 재료가 될 만한 아이디어를 되도록 많이 모아라

수평사고력 훈련은 아이디어의 양을 늘리는 데서부터 시작된다.

나는 직업상 히트상품이나 탁월한 서비스 기업을 분석하는 일이 많다. 그때마다 항상 느끼는 것이지만, 이런 우수한 기업들은 아이디어를 매우 많이 갖고 있다는 특징이 있다.

새로운 아이디어는 수많은 아이디어들을 추려내고 조합해야 만들어낼 수 있다. 그렇기 때문에 일단은 기본 베이스에 해당하는 아이디어 숫자를 늘려야 한다.

나를 비롯해 많은 사람들이 다독(多讀)을 권장하는 이유도 여기에 있다. 다독을 통해 아이디어의 재료가 되는 지식과 정보를 마음껏 흡수할 수 있기 때문이다. 말을 할 때도 어휘력이 풍부한 사람이 더 기발하고 조리 있게 말하지 않는가. 같은 이치로 아이디어의 재료가 많은 사람은 그것들을 조합해 남들보다 더 쉽게 새로운 아이디어를 떠올릴 수 있다.

어떤 과제에 대해 브레인스토밍을 하는 것도 아이디어를 대량으로 만들어내는 좋은 훈련 방법이다. 여러 사람과 함께 논의하면 서로 자극을 받아 시너지 효과를 내기 때문에, 혼자 생각하는 것보다 훨씬 좋은 아이디어를 떠올릴 수 있다. 그러니 답을 구하고자 한다면 사람을 만나고, 책을 읽고, 히트상품을 분석하는 등 여러 가지 수단을 동원해 아이디어를 모으는 노력을 아끼지 말아야 한다.

그런데 어떤 사람들은 이런 생각이 지나친 나머지, 아이디어를 많이만 모으면 확실한 해답이 저절로 생긴다고 믿는 것 같다. 아이디어가 바로 해답이 되면 가장 좋겠지만, 알다시피 그런 경우가 어디 흔한가.

아이디어를 모으는 것은 직접 해답을 찾는 것보다는 해답을 만드는 '재료'를 지속적으로 찾는다는 데 의미가 있다. 이것이 바로 수평사고의 핵심이다. 어떤 과제에 대해 생각하고, 생각하고, 또 생각하는 과정은 그 자체로 해답을 얻는 훈련이 된다. 만약 계속 해답이 떠오르지 않는다면, 그것은 좋은 정보가 부족하기 때문이다. 그러니 '해도 안 되잖아!' 하고 섣불리 포기하지 말고 꾸준히 아이디어의 재료를 모아나가기 바란다.

좋은 아이디어를 모으려면 발등에 불이 떨어졌을 때 벼락치기하듯 성급하게 정보를 모으는 행태는 지양해야 한다. 평소에 꾸준히 다양한 분야의 정보에 관심을 갖고 계속 모으다 보면 그것들이 좋은 아이디어의 재료가 되는 것이다.

나는 하루 한두 시간 정도 자동차를 탄다. 그런데 느긋하게 운전하면서 주변을 살펴보고 있노라면 사무실에서 생각해내지 못한 이런저런 아이디어가 떠오른다(그러고 보면 아이디어가 떠오른다는 것은 몸을 움직이는 것과도 어느 정도 관계가 있는 듯하다).

처음에는 그럴듯한 생각이 나지 않고 누가 봐도 진부하고 평범한 것만 떠오르겠지만, 점점 습관이 되다 보면 참신한 아이디어를 생각해낼 수 있을 것이다. 그리고 브레인스토밍 등을 통해 아이디어들을 교환하면서 한결 멋진 아이디어를 완성할 수 있을 것이다.

한 가지 덧붙이면, 완성한 아이디어는 다음에 참조할 수 있도록 어떤 방식으로든 반드시 기록으로 남겨둬야 한다. 마인드맵이나 메모로 남겨두기, 블로그에 올리기, 다른 사람에게 말하기, 도표나 그림으로 그리기 등 개인의 취향에 맞는 방법으로 정리해두자.

② 아이디어는 되도록 빨리 시험해보라

아이디어의 양을 질로 전환시키기 위해서는 '테스트, 테스트, 또 테스트'를 해야 한다.

테스트 방법으로는 아는 사람과 이야기하기, 시제품 만들기, 포커스 그룹 인터뷰 등 여러 가지가 있다.

일을 할 때나 일상적인 생활습관을 개선할 때 좋은 아이디어를 내는 사람과 그렇지 않은 사람은 피드백의 속도에서 차이를 보인다. 방금 생각해낸 아이디어를 바로 주변 사람들이나 시장에 내놓아 평가를 듣고, 피드백을 받아 그 결과를 아이디어에 반영하는 작업을 얼마나 빨리 반복하느냐에 따라, 누적되는 정보량에도 차이가 나는 건 당연하지 않겠는가?

그러니 새로운 아이디어가 떠올랐을 때 될 수 있는 한 구체적인 형태로 만들어보자. 컨셉이 떠올랐을 때 바로 기획서로 작성해 상사의 반응을 타진하고, 완구나 전자제품이라면 시제품을 만들고, 소프트웨어라면 일부 기능만이라도 테스트를 거치는 작업에 매진해야 한다.

아이디어를 테스트하면 두 가지 이점이 있다.

첫째, 여러 사람들의 직감을 수렴해 아이디어의 성패를 가늠할 수 있다.

우리는 살면서 터득한 지식과 경험으로 그때그때 최선이라 생각하는 결단을 내린다. 신제품이나 신곡이 발표됐을 때 사람들은 순간적으로 "별로인데?" "왠지 끌려." 하는 등 직감에 따른 판단을 한다. 왜 그렇게 생각했는지 물어보면 "그냥."이라고 말한다. 본인도 이유를 정확히 설명하지 못하는 것이다.

그런데 신기하게도 인간의 직감은 의외로 정확하다. 말콤 글래드웰(Malcolm Galdwell)이 자신의 책 《블링크(Blink)》에서 자세히 설명했다시피, 온갖 합리적인 추론보다 2~3초 안에 이루어지는 직관이 더 정확할 때가 많다. 따라서 다양한 사람들의 직관적 판단을 수렴해보면, 아이디어의 성공 가능성이 어느 정도인지 예측할 수 있다.

둘째, 아이디어를 발전시키기 위한 비용을 알 수 있다.

제품이나 서비스 아이디어를 다른 사람에게 보였을 때, 부정적인 반응을 보이거나 내가 열심히 설득해야 겨우 납득하는 경우가 있다. 그럴 때는 그 아이디어를 실현하려면 만만치 않은 비용이 들 것이라는 점을 인식해야 한다.

물론 아이디어가 좋으면 잘 설명해서 상대방을 납득시킬 수도 있다. 그러나 설명한다는 것 자체가 자신과 상대방의 시간과 에너지를 소모하는 일이다. 그러므로 상대방이 쉽게 납득하고 호응을 보이지 않으면 그 아이디어를 수정할 필요가 있다.

만약 당신의 회사에서 두 가지 마케팅 방법을 동시에 생각해 냈다면 어떻게 하겠는가? 그럴 때는 주변 상황이나 형편을 따져보고 명백히 우위에 있다고 판단되는 아이디어에 자원을 집중해야 한다. 아이디어를 키우는 요령도 다를 바 없다.

그런데 실제로는 어떠한가? 전망이 불투명한 아이디어에 과도하게 투자하고, 잘될 것 같은 아이디어에는 소극적으로 투자하는 경우가 비일비재하다. '괜찮은 아이디어이니 못해도 평균은 하겠지' 하는 '평균수렴' 사고가 발동되는 것이다. 이런 식으로 외부의 피드백을 무시하고 안이하게 아이디어를 실행하다가는 정말 평생 '평균'밖에 못할 수도 있다.

그러니 아이디어를 될 수 있는 한 많이 내고, 일단은 시험해보라. 평범하다 못해 진부하게 들리겠지만, 이것이야말로 히트 아이디어를 내는 왕도다.

③ 실패로부터 배워 신속하게 수정하라

나는 내 책의 독자들을 위해 개설한 온라인 상담코너나 강연회에서 한 달에 50~100건의 질문을 받는다. 그런데 그 질문들이 짜맞추기나 한 듯이 비슷해서 놀랄 때가 있다. 다름 아니라,

너무나 많은 사람들이 실패할 것이 두려워서 앞으로 나아가지 못하고 고민만 하고 있는 것이다.

그러나 실패가 반드시 나쁜 것만은 아니다. 실패에도 종류가 있다.

- 좋은 실패 : 미지의 상황에서 한정된 정보로 예상할 수 있는 최대 리스크 범위 안에서 최선의 판단이라 생각하고 실행에 옮겼으나 결과적으로 실패한 경우.
- 나쁜 실패 ① : 한번 실패한 적이 있는 일인데도, 자신의 능력을 과신하거나 실패 자체를 부정하면서 다시 반복하는 경우.
- 나쁜 실패 ② : 자신의 능력을 과신한 나머지, 실패하면 치명적인 결과가 예상되는데도 무리하게 도전한 경우.
- 나쁜 실패 ③ : 실패가 두려워서 아무것도 하지 않다가 상황이 악화돼, 결과적으로 아무것도 하지 않은 것 자체가 실패의 원인이 된 경우.

좋은 실패는 많이 할수록 좋다. 그러나 만약 나쁜 실패를 했다면 스스로를 부끄러워해야 한다.

특히 '나쁜 실패 ③'의 경우는 대다수가 그것이 실패라는 것조차 느끼지 못하기 때문에 당연히 대처도 늦을 수밖에 없다. 문제는 이런 유형의 실패가 가장 많다는 것이다.

수평사고를 통해 떠오른 아이디어는 참신한 것이 많기 때문에, 실패 위험도 상대적으로 크다. 그래서 실패를 두려워하는 사람은 수평사고 자체를 회피하기도 한다. 아이디어가 떠올라도 실행에 옮길 엄두가 나지 않기 때문이다.

참신한 생각을 해내려면 실패를 '성공으로 가는 프로세스'로 받아들이고, 거기에서 무엇을 배워야 할지 생각해야 한다. 그럼으로써 같은 실패를 되풀이하지 않고, 보다 좋은 결과를 만들어 나가는 자세가 중요하다.

미국의 전설적 세일즈맨 앨머 레터먼(Elmer Leterman)은 실패에 대해 이런 명언을 남겼다. "거절당한 순간, 나의 세일즈는 시작됩니다." 그는 계약을 따내지 못했을 때도 그것을 계약을 성사시키기 위한 프로세스의 일부라고 생각한 것이다.

나는 이 프로세스를 달리 표현해 "'가위바위보'보다 이길 확률이 높은 것에 승부를 걸어라."라고 말하고 싶다.

예를 들어 어떤 아이디어의 승률이 60%라고 치자. 그렇다면 다섯 번 도전해서 한 번도 성공하지 못할 확률은 불과 1.02%밖에 안 된다. 일반적으로 아이디어를 낼 때마다 승률은 점점 올라가기 때문에, 이를 몇 번 반복하다 보면 오히려 실패하기가 더 어려워질 것이다(단, '나쁜 실패 ①'은 아무리 반복해도 승률이 오르지 않으며, '나쁜 실패 ②'는 그 시점에서 게임오버가 되어 게임 참가자격 자체를 박탈당한다).

'좋은 실패'가 많으면 많을수록 더 빨리 성공할 수 있다는 사실을 기억하자. 물론 재도전할 때는 같은 실수를 반복하지 않도록 리스크 범위 내에서 아이디어를 시험해봐야 할 것이다. 이렇게 실패 프로세스 자체가 사고의 과정이라는 것을 잊어서는 안 된다.

④ 관계 속에서 아이디어를 양성하라

TV 드라마를 보면 주인공이 한 가지 문제로 골머리를 썩이다가 누군가가 무심결에 던진 한마디에 고개를 번쩍 들고 미친 듯이 아이디어를 완성해나가는 장면이 가끔 나온다. 극적 과장이 있긴 하지만, 실제로 수평사고의 아이디어는 대부분 혼자 만들어낸 것이 아니다. 다른 사람과 이야기하다가 갑자기 떠오른다든지, 무언가 퍼즐 조각이 빠진 것 같은 상황에서 생각지도 못한 사람이 힌트를 주면서 문제가 풀리는 경우가 많다.

앞에서 수평사고를 하려면 '다양한 관점'에서 생각해야 한다고 했는데, 이때 가장 간단한 방법은 다른 사람과 이야기하는 것이다. 지금까지 언급한 3가지 실천방법도 기본적으로는 다른 사람에게서 아이디어를 얻고, 그것을 다시 다른 사람에게 시험해보는 사이클을 반복하는 것이다.

컴퓨터는 다양한 것들을 포괄적으로 분석하고 논리적으로 전개하는 논리사고에 강하지만, 수평사고는 단연 인간이 압도적으로 뛰어나다. 그것도 혼자서 하기보다는 협력자와 함께하는 편이 더 좋은 아이디어를 낼 수 있다.

브레인스토밍 같은 아이디어 회의도 그래서 하는 것이다. 참가자들이 각자 자신의 아이디어를 내놓고 피드백을 받는 과정에서 다시 새로운 조합과 아이디어가 생기고, 그것이 또다시 새로운 생각을 낳는 사이클을 반복할 수 있기 때문이다.

이때 중요한 질문이 있다. 과연 누구와 이야기해야 할까?

그저 사람들과 잡담을 즐기면 될까? 당연히 그렇지 않다. 관계 속에서 아이디어를 얻으려면 다음의 두 가지를 유의하자.

- 아이디어를 말할 상대와 브레인스토밍을 함께할 상대를 엄선할 것.
- 상대방이 '아마추어 마케터'는 아닌지 파악할 것.

정보를 교환할 만한 좋은 상대를 고르지 않으면 백날 이야기해봤자 시간낭비일 뿐이다. 게다가 모처럼 생각난 좋은 아이디어를 상대방이 의미 없이 비판하기라도 하면 괜히 의욕만 꺾일 수도 있다. 수평사고를 함께할 상대는 다음 두 가지 요건 중 적어도 한 가지는 만족하는 사람이어야 한다.

■ 수요자의 관점 : 생각하고 있는 제품이나 서비스 절차 등의 이용자 또는 이용자 후보일 것.

■ 공급자의 관점 : 생각하고 있는 제품이나 서비스 절차 등에 어떤 형태로든 연관된 전문지식을 가지고 있을 것.

정보란 자고로 '쓰레기를 넣어봤자 쓰레기가 나올 뿐(garbage in garbage out)'이다.

이 말은, 틀린 지식은 아무리 모아봤자 소용이 없다는 뜻이다. 그렇기 때문에 아이디어의 재료로서, 지금 생각하고 있는 것에 어떤 형태로든 반짝이는 빛을 줄 수 있는 사람을 만나야 한다.

'공급자의 관점'을 갖고 있는 사람은 수평사고를 돕는 역할을 한다. 그러나 문제가 생겼다고 해서 갑자기 도움을 요청하면 상대방도 곤혹스러울뿐더러, 아이디어를 신속히 양성하는 데도 걸림돌이 된다.

그러므로 이런 사람들은 필요할 때만 찾지 말고 평소 연락을 주고받거나 점심식사, 블로그 방문 등을 통해 항상 원만한 관계를 유지해두는 것이 좋다. 이런 사람들과 일상적으로 이야기를 하거나 의견을 나누다 보면, 가외의 새로운 아이디어를 얻는 재미도 자못 쏠쏠할 것이다.

전문적인 관점을 가진 사람을 좀처럼 찾을 수 없다면, 고객의 입장에서 당신을 도와줄 수 있는 사람을 만나자. 이런 사람은 매우 많다. 이들은 브레인스토밍 파트너로서 당신에게 여러 가지 의견을 들려줄 것이다.

이런 사람들에게는 서비스나 상품 아이디어에 대해 "당신이라면 이 상품을 사겠습니까?", "이 기능에 대해 어떻게 생각하십니까?"와 같은 구체적인 질문을 할 수 있다. 그러므로 시제품이나 기획안을 만들 때 이들에게 의견을 구하고 충고를 들으면 크게 도움이 될 것이다.

단, 이런 요건을 가진 사람들과 얘기할 때는 상대방이 '아마추어 마케터'는 아닌지에 주의해야 한다. 아마추어 마케터란 자신의 경험이나 지식을 바탕으로 의견을 말하는 것이 아니라, 느닷없이 제삼자의 입장에서 잘 알지도 못하면서 무책임한 추측으로 말참견하는 사람을 말한다.

예를 들어 어떤 새로운 제품을 소개했을 때 "나는 안 사겠지만, 이런 식으로 하면 다른 사람들은 살 것 같은데." 하고 말하는 사람들이 있다. 물론 그런 말이 전혀 도움이 안 되는 것은 아니지만, 대부분의 경우 그저 변죽만 울리는 공염불일 뿐이다.

특히 브레인스토밍을 할 때나 포커스 그룹 인터뷰를 할 때 이런 함정에 빠지기 쉬우므로 주의하기 바란다. 마치 전문지식이 없는 상사에게 기획안을 가져가면 엉뚱한 소리만 잔뜩 듣게 되는 것과 같다. 아는 것도 없으면서 왠지 상사로서 뭔가 말해야 한다는 의무감에 '아마추어 마케터'가 되고 마는 것이다.

이번 장을 정리해보자.

수평사고력이란 논리사고력처럼 수직적으로 깊이 생각하는 것이 아니라, 전제를 의심하고 다른 시각으로 접근하거나 조합하면서 새로운 아이디어를 만들어내는 사고법이다.

컴퓨터와 달리, 인간은 좋은 정보만 있으면 창조적인 해답을 얻을 수 있다. 그러기 위해서는 항상 머리 한편에 문제의식을 갖고 있어야 한다. 그리고 새로운 체험, 현명한 사람, 좋은 책을 자주 접하면서 '어? 이거 이 문제에 활용하면 어떨까?' 하고 번쩍 떠오르는 무언가를 놓치지 않는 것이 중요하다.

수평사고력은 논리사고력에 비해 습득하는 데 좀 더 시간이 걸리는 편이다. 그러나 일단 익히기만 하면 다른 누구와도 확연히 차별화될 수 있는 스킬이기도 하다. 그러니 당신도 주저하지 말고 과감히 도전해보자.

CHAPTER

5

시각화능력
방대한 정보를 한 컷의 이미지로 전달한다

평 가

지적체력

세렌디피티

통 합

언어능력

숫자사고력

시각화능력

분 석

수평사고력

논리사고력

응 용

이 해

지 식

V I S U A L I Z A T I O N

1

개념을 눈앞에 그려내는 시각화능력

논리사고력과 수평사고력으로 분석적인 사고를 할 수 있게 되었다면, 다음으로는 6단계 사고과정 중 '통합'에 필요한 사고법을 익혀보자.

비즈니스는 혼자 하는 것이 아니기 때문에 다른 사람의 생각과 내 생각을 합치시키는 과정이 필요하다. 내 생각을 말할 때는 상대방이 자신의 경험에 비추어 내 말을 이해하고, 한 번 더 자신의 언어로 똑같이 말할 수 있을 정도로 전달해야 한다. 나의 의견에 대해 상대방이 "아, 그거 말하는 거죠?" 하고 알아듣는 것, 이것이 바로 통합능력이다.

눈치 챘겠지만 통합의 상당 부분은 '커뮤니케이션'이다. 따라서 기본적으로 언어능력이 있어야 한다. 여기에 시각화능력과 숫자사고력이 더해지면 통합 작용이 훨씬 강력해진다. 이 3가지 능력을 결합해 통합해야 생각을 정리하고, 그 결과를 다른 사람과 공유할 수 있다.

그러면 5장에서는 통합 단계에 필요한 사고력 중 먼저 시각화 능력에 대해 알아보자.

시각화능력(Visualization)이란, '어떤 개념이나 현상을 가시적 (visual)으로 만드는 것', 즉 그림 등으로 한눈에 알아보기 쉽도록 만드는 능력이다.

물론 숫자나 언어도 가시적임에는 틀림없지만 여기에서 말하는 시각화는 우뇌에 보다 직접적으로 와 닿을 수 있는 일러스트나 그래프, 사진 같은 형태로 형상화하는 것을 말한다. 숫자나 언어는 여러 가지 비주얼 형태의 한 부분이다.

여기서 한 가지 테스트를 해보자.

눈을 꼭 감고 있다가 한순간 번쩍 눈을 뜨고, 곧바로 다시 감아보자. 그리고 눈을 떴을 때 잠깐 본 것들을 될 수 있는 한 많이 기억해내자. 마치 디지털카메라가 된 듯이 말이다.

어떤가? 아마 눈을 떴다 바로 감았을 때 스스로도 놀랄 정도로 많은 것들을 기억하고 있다는 걸 깨달았을 것이다. 왜냐하면

우리가 한 번에 처리할 수 있는 영상정보의 양은 문자나 숫자정
보보다 몇 백 배나 많기 때문이다. 보통 우리가 정보로서 인식
하고 있는 언어나 숫자는 이 영상정보들 중 일부를 선별해 알기
쉬운 프레임으로 정리한 것들이다.

내가 예전에 외식으로 우동을 먹었을 때의 일이다. 무심코 채
소를 집어먹으려는데, 왠지 자연스럽지 않은 빛이 눈에 들어와
젓가락을 멈칫하게 되었다. 자세히 보니, 그 빛의 정체는 바로
채소를 포장했던 녹색 비닐이었다.

굳이 내가 '이물질은 없나?' 하고 검사하듯 우동을 뒤적이지
않아도, 우리 눈은 의식이 미처 인지하기도 전에 이상한 것이 있
다는 것을 알아챈다. 사람이 받아들이는 정보의 80%가량이 눈
을 통해 들어온다는 연구결과가 뒷받침하듯이, 시각정보는 우리
의 정보습득 및 사고에 절대적인 영향을 미친다.

문제는 이렇게 소중한 시각정보가 터무니없이 낭비된다는 사
실이다. 눈으로 들어오는 시각정보를 머릿속으로 선별하는 작업
에 익숙해지지 않으면, 앞으로 유용하게 쓰일지도 모를 많은 정
보를 그냥 흘려버리게 된다. 그렇기 때문에 같은 것을 보더라도
사람에 따라 얻는 정보의 양과 질에 차이가 나는 것이다.

나는 이 책을 읽고 나서 당신이 혼자 생각을 정리할 때나 다
른 사람에게 정보를 전할 때, 문자와 숫자 외에도 비주얼 자료

를 지금보다 더 많이 사용하게 되기를 바란다. 평소에 비주얼 자료를 이용해 생각하는 습관을 가지면, 그렇지 않은 사람에 비해 사고의 폭이 훨씬 넓어진다. 누구나 문자보다는 비주얼 자료를 처리하는 쪽이 훨씬 쉽고 재미있기 때문이다. 책보다는 만화나 영화를 즐기는 인구가 많은 이유도 여기에 있다.

따라서 혼자 사색할 때나 일을 할 때, 시각화능력을 능숙하게 구사할 수 있다면 정보의 입출력이나 사고의 프로세스를 획기적으로 차별화할 수 있다.

여기에 한 가지 더. 논리사고력이나 숫자사고력은 이미 많은 사람들이 중요성을 인식하고 있기 때문에 경쟁이 치열하다. 그러나 4장의 주제인 수평사고력과 이번 장의 시각화능력을 비즈니스에서 활용하는 사람은 상대적으로 많지 않다. 이를테면 '사고의 틈새시장'인 셈이다.

그러므로 평소에 시각적으로 처리하고, 시각적으로 통합해야 한다는 것을 염두에 두는 것만으로도 남보다 크게 도약할 수 있을 것이다.

그렇다면 시각화능력의 테크닉과 일상에서의 훈련방법은 무엇이 있는지 지금부터 함께 살펴보자.

2

시각화능력의 3가지 기본 테크닉

사람은 사물을 이해할 때 시각이나 청각 또는 촉각을 중심으로 해석한다. 그 밖에도 여러 패턴이 있지만, 절대다수의 사람들이 시각을 중심으로 이해한다. 파워포인트 자료 같은 것들을 흔히 '시각적 도구(visual aids)'라고 표현하는 것도 그 때문이다.

'분석' 과정에서 논리사고와 수평사고를 조합하면 강력해진다고 했듯이, '통합' 과정에서는 숫자와 언어에 비주얼을 조합하면 매우 막강해진다.

하지만 어째서인지 학교에서는 언어와 숫자사고력에 비해 시각화능력에 대한 훈련을 거의 하지 않고 있다. 그러니 돋보이는 존재가 되고 싶다면 시각화능력부터 익혀야 할 것이다. 이제 시각화능력의 3가지 기본 테크닉을 구체적으로 알아보자.

	❶ 승용차	❷ 에어컨	❸ 컬러 TV	❹ 컴퓨터	❺ 비데	❻ DVD 플레이어	❼ 디지털 카메라
1962	2.8	0.4					
1963	5.1	0.7					
1964	6.1	1.3					
1965	6.0	1.7					
1966	9.2	2.0					
1967	12.1	2.0	0.3				
1968	9.5	2.8	1.6				
1969	13.1	3.9	5.4				
1970	17.3	4.7	13.9				
1971	22.1	5.9	26.3				
1972	26.8	7.7	42.3				
1973	30.1	9.3	61.1				
1974	36.7	12.9	75.8				
1975	39.8	12.4	85.9				
1976	41.2	17.2	90.3				
1977	44.0	19.5	93.7				
1978	48.7	25.7	95.4				
1979	51.7	29.9	97.7				
1980	54.6	35.5	97.8				
1981	57.2	39.2	98.2				
1982	58.5	41.2	98.5				
1983	62.0	42.2	98.9				
1984	62.9	49.6	98.8				
1985	64.8	49.3	99.2				
1986	67.4	52.3	99.1				
1987	67.4	54.6	98.9				
1988	70.6	57.0	98.7	11.7			
1989	71.9	59.3	99.0	9.7			
1990	76.0	63.3	99.3	11.6			
1991	77.3	63.7	99.4	10.6			
1992	79.5	68.1	99.3	11.5			
1993	78.6	69.8	99.0	12.2	14.2		
1994	80.0	72.3	99.1	11.9	17.6		
1995	79.7	74.2	99.0	13.9	21.3		
1996	80.0	77.2	98.9	15.6	23.6		
1997	80.1	77.2	99.1	17.3	26.3		
1998	82.6	79.3	99.2	22.1	30.3		
1999	83.1	81.9	99.2	25.2	33.9		
2000	82.5	84.4	98.9	29.5	36.5		
2001	83.6	86.2	99.0	38.6	41.0		
2002	85.3	86.2	99.2	50.1	43.2		
2003	84.4	87.2	99.3	57.2	47.1	19.3	22.7
2004	86.4	88.8	99.4	63.3	51.7	25.3	32.0
2005	86.0	87.1	99.0	65.7	53.0	35.4	51.8
2006	81.6	87.0	99.3	64.6	59.7	49.0	46.2
2007	83.9	88.2	99.4	68.3	62.7	61.1	53.7
2008	83.9	88.6	99.5	71.0	65.3	65.1	58.9

표로 정리한 일본의 주요 내구소비재 세대보급률 (출처 : 일본 경제산업성)

① 시각 이미지로 정보를 처리한다

우선 앞의 표를 보자. 이것은 일본의 주요 내구소비재의 세대 보급률을 정리한 통계다.

이것을 보고 내용의 함의를 이해할 수 있는 사람은 거의 '제로'에 가까울 것이다.

그러나 이것을 그래프로 만들면 갑자기 우리의 정보처리 능력이 현격하게 좋아져서, 이 정보가 주는 의미를 금세 알 수 있다.

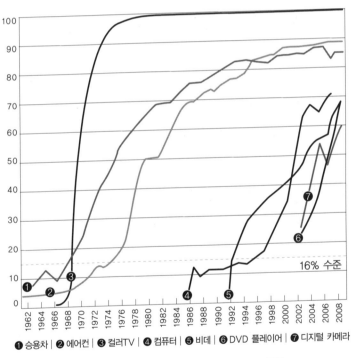

● 승용차 | ❷ 에어컨 | ❸ 컬러TV | ❹ 컴퓨터 | ❺ 비데 | ❻ DVD 플레이어 | ❼ 디지털 카메라

그래프로 표현한 일본의 주요 내구소비재 세대보급률

앞의 그래프를 보면 여러 가지를 알 수 있다. 한눈에 쉽게 들어오는 사실만 적어보자.

- 내구소비재 보급률은 'S자 곡선' 형태로 올라가는 경우가 많다.
- 에어컨과 승용차보다는 TV의 보급이 우리 생활을 급속하게 바꿨다는 사실을 알 수 있다.
- 컴퓨터의 가정보급률은 아직 70%밖에 안 되며, 디지털카메라가 곧 추월할 것 같다.
- 비데 보급률이 의외로 높다.

실로 놀랍지 않은가? 숫자로 가득한 표를 볼 때보다 정보처리 능력이 몰라보게 향상된 것이다.

이렇게 많은 사실을 알 수 있는 비결은 우리의 뇌에 있다. 뇌는 정보를 받아들일 때 언어자료는 좌뇌에서, 비주얼 자료는 우뇌에서 처리한다. 평소에는 좌뇌를 주로 쓰는데, 우뇌를 사용하게 되면 잘 쓰지 않던 부분을 활성화시키기 때문에 오감을 발동시키는 데 큰 도움을 준다.

더불어 그래프를 보면 단순히 눈앞에 있는 정보뿐 아니라, '그러고 보니 우리 집은 5년 전에 차를 샀지, 아마', '우리 집이 디지털카메라를 산 게 이맘때였나' 등의 관련 정보도 같이 생각나기 때문에 뇌가 더욱 활성화된다.

속독 그 이상의 가치, 포토리딩

나는 2004년부터 '포토리딩(photo reading)'을 배웠다. 그 덕분에 나의 비즈니스가 활력을 띠게 되어 독립도 하고 책도 쓸 수 있었다. 그래서 나는 사람들에게 자주 포토리딩의 두 가지 효과에 대해 말하곤 한다.

- 포토 : 시각적 정보의 중요성을 체감할 수 있다.
- 리딩 : 좋은 책을 많이 읽는 습관을 들이게 된다.

그때까지만 해도 나는 사진 등 비주얼 자료로 된 여러 정보를 받아들이는 것의 중요성을 그다지 의식하고 있지 않았기 때문에 오히려 더 큰 효과를 볼 수 있었다.

포토리딩을 배운 후로는 어느 곳이든 가면 상황을 관찰한 다음 '시각적으로 어떤 메시지를 받아들일까?', '왜 그럴까?', '저 색은 각각 무슨 의미를 담고 있는가?', '모양은?', '디자인은?', '전체적인 분위기는?' 등 문자로는 표현하기 힘든 정보를 수집하는 습관이 생겼다.

시각정보를 의식하기 시작하면서 비주얼 자료에는 문자나 숫자보다 훨씬 더 많은 정보가 담겨 있다는 사실을 알게 되었다. 그래서 다음과 같은 정보를 확인하는 버릇이 생겼다.

- 지금 만나고 있는 사람의 복장과 머리모양은 무엇을 나타내는가?
- 어떤 얼굴이며 어떤 표정인가?
- 느낌이 좋은 사람과 그렇지 않은 사람의 표정에는 어떤 차이가 있는가?
- 팔리는 상품과 그렇지 않은 상품은 포장이나 디자인이 어떻게 다른가?
- 잘 팔리는 소설은 시각적인 묘사를 어떻게 문자로 담아내고 있는가?
- 인기 있는 만화는 시각적으로 어떤 것이 풍부한가?

우리 뇌는 이런 시각정보를 보면 우뇌를 활용해서 비주얼 형태로 저장해둔다. 예를 들어 내구소비재 통계의 경우, 숫자를 외우기는 힘들지만 그래프 이미지라면 많은 사람들이 그 패턴을 바로 기억할 수 있다. 내가 책을 쓸 때 일러스트와 차트를 많이 사용하는 것도 이런 이유에서다. 우뇌가 자극을 받으면 쉽게 의미를 파악할 수 있고 기억에도 오래 남기 때문이다.

그러니 당신도 어떤 것을 통합해서 표현할 때 일러스트와 그래프, 그림을 이용하는 훈련을 의식적으로 해보기 바란다. 그러기 위해서는 다양한 것들을 시각자료 그대로 이미지화해서 처리하는 습관을 들이는 것이 좋다.

② 암묵적으로 행동을 유도한다

디자인이라고 하면 보통 어떤 색이나 모양으로 형태를 만드는 작업을 떠올린다. 그러나 이 책에서 말하는 디자인은 기능디자인으로서 '설계'를 뜻하고, 나아가 사람들을 '가이드'하는 넓은 의미를 가진다.

가이드로서의 디자인

디자인에는 '어포던스(affordance)'라는 이론이 있다. 영어의 'afford'는 '주다'라는 뜻이다. 어포던스는 어떤 행위와 연결할 수 있는 환경 및 상황을 종합적으로 인식하는 사고방식이다.

쉽게 이해하기 위해 컵을 예로 들어보자. 우리는 컵을 보면 그 모양을 보고 어떤 용도인지 바로 알 수 있다. 액체든 고체든 거기에 담는 것이라고 말이다. 그러나 로봇은 이 사실을 알 수 없다. 이것이 바로 '어포던스'다.

즉 디자인이란 해당 사물을 보고 사람이 어떤 행위를 해야 하는지 인지할 수 있는 가능성을 말한다. 예를 들어 우리는 키보드를 봤을 때 이것을 누르면 화면에 무언가가 나타난다는 것을 알 수 있으며, 전화 수화기 모양을 보면 손에 쥐는 것이라고 알 수 있다. 그리고 둥근 버튼 안에 숫자가 씌어 있는 것을 보면 '아, 이 버튼을 누르면 이 숫자가 입력되겠구나' 하고 인지한다. 이것이 바로 디자인에서 말하는 '어포던스'다.

디자인에서 어포던스는 매우 중요한 개념이다. 왜냐하면 수용자가 그 디자인이 자신에게 무엇을 말하는지 알 수 있게 해주기 때문이다.

당신이 프레젠테이션 문서를 만들 때도 무의식중에 어포던스를 염두에 둘 것이다. 그래프를 넣는다면 가로축과 세로축의 눈금을 얼마나 크게 할지, 부가 정보는 어디까지만 넣을지, 선 그래프를 그릴지 원 그래프를 그릴지, 두께나 색깔은 어떻게 할지… 그에 따라 전달되는 의미를 생각해 디자인할 것이다.

어포던스의 핵심은 수용자, 즉 '타깃'을 중심에 두는 것이다. 아무리 자신의 머리로 심혈을 기울여 설계한 것이라도 다른 사람들이 디자인의 의미를 이해하지 못한다면 가치가 퇴색된다. 그러므로 어떤 개념을 시각화할 때는 상대방에게 어떤 의미를 전달할지 항상 염두에 두어야 한다.

나는 두 명의 우수한 디자이너로부터 어포던스를 높이는 디자인의 중요성에 대해 배울 수 있었다.

한 사람은 일본의 대표적인 공업디자이너이자 산업디자이너인 야마나카 슈운지다. 야마나카는 일본 지하철 자동개찰구의 교통카드 터치패드를 디자인한 주인공이기도 한다.

다음 사진의 교통카드 터치패드가 약간 앞으로 경사진 것이 보이는가? 굳이 터치패드를 경사지게 한 이유는 무엇일까?

그것은 우리가 자연스럽게 '카드를 대는 곳'이라고 인식할 수 있도록 하기 위해서다. 수평으로 되어 있으면 거기에 카드를 대야 한다는 인식이 순간적으로 지연되어, 머뭇거리는 사이에 게이트가 닫혀버릴 수도 있다. 이 문제를 해결하기 위해 야마나카가 고안한 것이 바로 '약간의 경사'였다.

디자이너의 섬세한 관찰과 통찰력이 빛을 발한 사례다. 그러나 이 또한 한 번에 해답을 얻은 것은 아니다. 옆으로도 기울여보고, 움푹 들어가게도 하면서 몇 가지 시제품을 만들어 실제로 사람을 통과시켜보고 검증한 결과, 지금의 경사가 가장 적합하다는 결론을 얻게 된 것이다.

일본 지하철 자동개찰구의 교통카드 터치패드

내게 디자인의 중요성을 알려준 다른 한 사람은 고교 동창인 니시노 준코다. 니시노는 패키지디자인과 포스터디자인 전문가다. 동창이라는 친분이 있어서 가끔 내가 만든 웹사이트와 명함 디자인을 니시노에게 수정해달라고 부탁하곤 하는데, 그때마다 나는 여러 가지 사실을 배우곤 한다.

처음으로 웹사이트를 만들었을 때, 나는 웹페이지에 여러 가지 색을 썼다. 초보들이나 하는 전형적인 행동이었다. 색에 각각 다른 의미가 있다는 것을 문외한인 내가 어떻게 알았겠는가.

예를 들어 갈색을 썼으면 그 갈색이 무엇을 표현하는지, 오렌지색을 썼으면 그 색은 무슨 뜻을 담고 있는지 하나하나 체크해 가면서 써야 한다.

서체도 마찬가지다. A라는 서체, B라는 서체, C라는 서체 모두 각각의 의미를 담고 있다. 그래서 서체마다 보는 사람이 다른 의미, 다른 인상을 느낀다고 한다.

앞에서 논리사고에 대해 설명할 때 로직 트리를 언급했는데, 웹디자인이나 명함디자인에도 로직 트리를 적용하면 유용하다. 로직 트리가 잘 만들어지면 어느 부분에 어떤 서체를 넣을 것이며, 그 색을 어떻게 할 것인지 쉽게 설계할 수 있다.

그리고 쉼표 하나, 구두점 하나라도 필요 없는 정보가 들어가지는 않았는지 검토하면서 디자인을 할 수 있게 된다. 니시노가 내게 구두점을 가리키며 "이건 무슨 의미로 넣은 거지? 의미 없이 넣은 거면 빼는 편이 나아."라고 말해준 덕분에 나는 이런 사실들을 깨닫게 되었다.

우리는 어떤 포스터나 패키지를 보면, 그것이 담고 있는 메시지를 무의식적으로 받아들인다. 그리고 우뇌는 그것들이 전체적으로 무얼 말하고자 하는지 판단한다. 바로 이것이 디자인의 힘이다.

물론 우리는 프로 디자이너가 아니기 때문에 이렇게 전문적인 내용까지 감안할 수 없다. 그러나 평소 무언가를 표현하고자 할 때, 그것이 상대방에게 무엇을 안내하고 어떤 행위를 유도할지 의식할 필요가 있다. 그러니 디자인의 힘을 항상 염두에 두어야 한다.

그리고 가능하다면 조금이라도 디자인 공부를 해두는 것이 좋다. 어느 정도 디자인에 대한 지식을 쌓으면 표현력과 커뮤니케이션 능력을 향상시킬 수 있기 때문에, 당신이 어떤 일을 하든 큰 도움이 될 것이다.

그림, 디자인, 팝아트, 조형 어떤 것이든 상관없다. 휴일마다 미술관을 순례하는 것도 좋다. 미술작품이나 뛰어난 디자인을 만끽할 수 있는 기회를 의식적으로 늘리도록 평소에 노력하자.

③ 문자정보와 결합해 시너지를 일으킨다

비주얼과 문자를 조합하면 매우 인상적인 메시지를 만들 수 있다. 만화는 비주얼과 문자정보를 조합한 가장 대중적인 사례일 것이다.

왜 만화는 유난히 재미있는 것일까? 그것은 그림과 문자가 일체화돼 우리의 양쪽 뇌를 자극해, 어느 한쪽 뇌만 자극했을 때보다 쉽게 이미지를 묘사할 수 있기 때문이다. 그렇다면 만화에서 쓰는 방법을 비즈니스에도 적용해보는 것은 어떻겠는가?

프레젠테이션을 할 때 온통 글자뿐인 화면을 띄우는 것과, 클립아트나 그래프가 중심이 되는 파워포인트를 사용하는 것 중에서 어느 쪽이 상대방에게 더 풍부한 정보를 줄 수 있을까? 말할 것도 없이 후자다. 그런데도 많은 내용을 담겠다는 이유로 텍스트 위주의 프레젠테이션을 하는 사람들을 보면 안타깝기 그지없다.

그림과 문자를 조합해 생각을 전개하는 또 다른 방법으로 '마인드맵(mind map)'이 있다.

마인드맵은 단어, 즉 문자의 연상을 기록해 아이디어를 펼치고 정리하는 도구 중 하나다. 그런데 이때 문자만 쓰는 것이 아니라, 꼭 색을 칠하거나 그림을 그려 넣는다. 우뇌와 좌뇌 모두를 자극하기 위해서다.

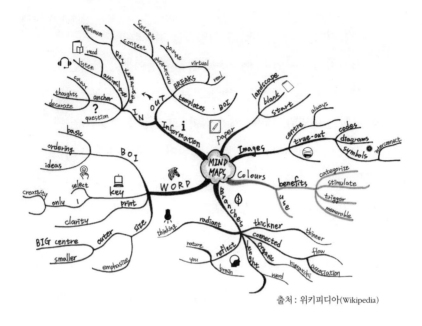

출처 : 위키피디아(Wikipedia)

시각 이미지와 문자를 조합한 마인드맵

만화나 프레젠테이션, 마인드맵 모두 비주얼과 문자의 장점만을 골라내어 사용했다는 공통점이 있다.

시각적 이미지에는 문자에 비해 정보량이 엄청나게 많다. 한 장의 그림만 보고도 무엇을 나타내고 있는지, 어떤 뜻을 담고 있는지 순간적으로 많은 정보를 파악할 수 있다.

반면 문자의 장점은 다수의 사람들이 큰 오차 없이 공통적으로 내용을 인식할 수 있다는 것이다.

사람 이름 외우는 방법을 예로 들어보자. 사람들은 대부분 상대방의 얼굴, 복장, 머리모양, 안경, 눈빛, 시선 등을 중심으로 시각적 이미지를 만든다. 그 이미지를 떠올리며 '이 사람은 어느 거래처의 누구인지' 머릿속에 명찰을 붙여놓고 기억한다.

그런데 이 시각적 이미지만으로는 다른 사람과 공통되는 인식을 하기 어렵다. 내가 "왜 있잖아. 그 얼굴 동그랗고 키 큰 사람 말이야."라고 해도 상대방은 '얼굴이 둥글고 키가 큰 다른 사람'을 떠올릴 수도 있지 않은가. 그러나 '○○ 회사에 다니는 카츠마 카즈요'라고 하면 누구나 알아들을 수 있다. 이처럼 문자 정보에는 오차가 거의 없다.

'카츠마 카즈요'라는 이름을 들으면 머릿속에는 그 사람의 모습, 즉 시각적 이미지가 떠오른다. 최소한 '카츠마 카즈요'라는 글자가 떠오르지는 않을 것이다. 이처럼 우리는 시각 이미지와 문자를 잘 조합해서 기억하고 다른 사람과 정보를 교환한다.

그러므로 평소에 누군가에게 정보를 제공하거나 공유할 때는, 이 방법을 염두에 두고 시각 이미지와 문자를 결합해 태그를 붙여가면서 설명하는 것이 좋다. 단, 태그는 무턱대고 막 쓰지 말고, 경우에 따라 상황에 맞게 적용하도록 하자. 시각 이미지는 정보량이 많은 만큼 만들기도 어렵기 때문에, 마구잡이로 쓰면 안 되고 '바로 여기다' 싶은 중요한 곳에만 적용해야 한다.

비주얼과 문자를 결합해 체험을 자극한다

시각 이미지와 문자를 조합하는 가장 큰 이점은 우리 무의식

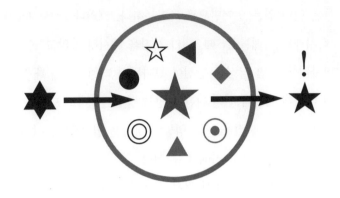

나의 정보가 상대방이 과거에 체험한 데이터베이스 중
유사한 것과 만나 인식된다.

속에 경험과 체험의 형태로 잔뜩 쌓여 있는 수많은 데이터베이스를 불러낸다는 데 있다. 문자만으로 또는 시각 이미지만으로는 전달하기 어려운 것도 이 두 가지를 조합해 설명하면 잘 이해되는 경우가 많다.

그것은 내가 가진 정보가 상대방이 과거에 체험한 데이터베이스 중 유사한 것과 만나서, 상대방 자신의 체험으로 입체화되기 때문이다. 그때 상대방은 비로소 내가 말하고자 하는 내용을 이미지화할 수 있다.

이것이 시각 이미지와 문자 조합의 힘이다. 즉 상대방이 말하는 것을 자기 나름의 유사체험을 통해 파악하도록 유도하는 것이다.

물론 이런 일은 언어만으로도 가능하다. 그러나 앞서 교통카드 터치패드 사례를 들 때, 내가 사진을 제시하지 않고 글로만 설명하려 했다면 당신은 당신이 보아왔던 터치패드에 대한 기억에 의존해 실물과 전혀 다른 모양을 상상했을지도 모른다. 그런데 글과 함께 사진을 보면 엉뚱한 상상을 할 필요 없이 바로 '아, 이런 모양!' 하고 이해할 수 있다.

그러므로 다른 사람에게 어떤 것을 설명할 때는 문자정보뿐 아니라 상대방의 경험을 보다 잘 살려낼 수 있도록 시각적 이미지를 조합해 전달하도록 하자.

시각화능력을 익히기 위한 4가지 실천방법

① 포토리딩과 마인드맵을 마스터하라

다음으로는 시각화능력을 익히기 위한 4가지 실천방법을 설명하겠다.

첫 번째 실천방법은 포토리딩과 마인드맵을 조합하는 것이다.

포토리딩

먼저 포토리딩에 대해 알아보자. 앞에서도 설명했듯이 포토리딩이란 말 그대로 시각 이미지를 인식하듯 문자를 검색하는 테크닉을 말한다.

대부분의 사람들은 '과연 그런 것이 가능할까' 의구심을 가질 것이다. 나도 예전에는 그랬다. 그러나 2004년에 포토리딩을 배우면서 '아, 과연! 이건 정말 합리적인 구조로 되어 있구나!' 하고 고개를 끄덕이게 되었다.

우리는 보통 한번 본 것을 나중에 또 보면 '아, 이거 알아!' 하는 느낌을 받는다. 이 점에 착안해 포토리딩에서는 책을 빠르게 한번 본 후 다시 한 번 보면서 대략적인 감각을 기억한다. 그 다음 자신이 필요로 하는 정보를 문자 또는 질문 형태로 만들어 머릿속으로 그 책을 '스캔(scan)'하는 것이 포토리딩의 원리다.

일반적으로 말하는 '포토리딩'의 정식명칭은 '포토리딩 홀 마인드 시스템(photoreading whole mind system)'이다. 즉 '포토리딩을 통해 머릿속을 정리하고 사고하는 독서법'을 뜻한다. 흔히 포토리딩을 통상적인 속독처럼 열 배 백 배 빠른 속도로 문자를 읽는 것이라 생각하는데, 그보다는 시각정보를 머릿속에 이미지화하면서 어떻게 하면 그 시각정보를 잘 쓸 수 있을지 생각하는 활동이라고 보는 것이 정확하다. 즉 포토리딩은 단순히 책을 많이 읽는 것이라기보다는, 그 구조를 이해하고 나아가 일상생활에서 접하는 여러 시각자료를 이미지화하는 훈련과정이라 할 수 있다.

우리는 어떤 일을 떠올리거나 무언가 생각해내려고 애쓸 때 종종 눈을 감는다.

그 이유는 간단하다. 그렇게 해서 외부의 잡다한 정보를 차단하는 것이다. 눈을 뜨고 있으면 여러 정보가 유입돼 뇌에서 제멋대로 처리해버리기 때문에 정작 중요한 생각은 할 수 없게 된다.

포토리딩은 이것을 역으로 이용한 것이다. 우리의 눈은 알게 모르게 많은 정보를 받아들이므로, 그렇게 얻어낸 정보들 중에서 자기가 필요로 하는 정보를 찾아내자는 것이 포토리딩의 취지다.

이렇게 포토리딩 방식으로 많은 책을 읽어두면 새로운 아이디어를 생각할 때 '예전에 읽은 어느 책에 있던 어느 내용을 이 부분에 적용하면 되겠구나' 하는 감이 생긴다.

그러나 말로 아무리 설명해도 실제로 해보지 않으면 실감이 나지 않을 것이다. 이 책을 읽고 당신이 포토리딩에 관심을 갖고 체험해볼 것을 기대하며, 여기서는 포토리딩 구조에 대해 한 번 더 정리하는 것으로 마무리하고자 한다. 포토리딩을 통해 시각 이미지로 남겨둔 정보에 키워드와 질문으로 태그를 붙여놓고, 필요에 따라 꺼내 쓰는 훈련을 해두면 그 시각정보를 더욱 효과적으로 쓸 수 있을 것이다.

마인드맵

마인드맵도 포토리딩과 마찬가지로 시각 이미지와 문자를 조합한 정보다. 마인드맵은 포토리딩보다 더욱 적극적으로 자신의 정보를 저장하고 싶을 때 사용한다.

마인드맵의 중앙에는 생각해야 할 주제를 그림을 포함한 형태로 적는다. 주제에 걸맞은 특별한 마크나 심벌 등을 그리면 된다. 그 다음 주제어에 연관된 항목을 가지를 뻗어나가며 구조화한다(157쪽 그림 참조).

이때 될 수 있으면 각 구조마다 일러스트나 색을 넣는 등 우리 머릿속에 있는 이미지를 그대로 종이 위에 옮기는 것이 좋다. 세미나 등에서 새로운 정보를 얻을 때마다 마인드맵으로 그려보는 습관을 들이면 시각 이미지와 문자 사이를 오가며 머리를 쓸 수 있다. 포토리딩을 한 후 외운 내용을 마인드맵으로 그려보는 것도 매우 효과적인 방법이다.

포토리딩과 마인드맵 모두 체조와도 같은 스킬이기 때문에 직접 체험해보지 않으면 그 진가를 절대로 알 수 없다. 포토리딩이나 마인드맵을 설명한 책을 읽거나 세미나 수강을 하면 쉽게 배울 수 있으니, 오늘 당장 도전해보는 건 어떨까.

② 이미지 스트리밍을 하라

시각화능력의 두 번째 실천방법은 '이미지 스트리밍(image streaming)'이다.

'이미지 스트리밍'이란 머릿속에 여러 시각정보를 떠올리면서 새로운 것을 사고하는 훈련을 말한다. 의자에 편히 앉거나 침대에 누운 상태로 눈을 감고 이미지를 떠올린다. 그리고 그 떠오른 이미지를 큰 소리로 설명하면 된다.

나는 밤에 잠들기 전에 종종 이미지 스트리밍을 하는데, 예를 들면 이런 느낌이다.

집을 나와 지하철을 타고 출근하는 길에 눈에 띈 전신주에 씌어 있던 문자를 읽을 수 있다.

주택이 죽 늘어서 있다. 어떤 대문에 어떤 집이 있고, 집 앞에 세워진 차는 무슨 색이었던가. 저 앞에 신호등이 있다. 신호등 앞에 서 있던 경찰은 어떤 복장을 하고 있었으며, 어떤 표정으로 무슨 생각을 하고 있었을까.

신호가 어느 타이밍에 무슨 색으로 바뀌고, 그때 멈춰선 차들은 무슨 색이었나. 맞은편에는 버스정류장이 있다. 어떤 사람이 어떤 얼굴로 버스를 기다리고 있었나. 정류장에서 신호를 건너 비탈길을 내려간다. 가로수는 어떤 색이고, 나뭇잎은 어떻게 떨어지고 있었나. 길은 어떻게 포장돼 있고, 과속방지턱에 그려진 노랑과 흰색 선은 어떻게 칠해져 있었나.

앞에서 걸어왔던 아기엄마는 어떻게 생긴 유모차를 밀고 있었나. 거기에 타고 있던 아기는 한 명이었나 두 명이었나. 어떤 옷을 입고, 어떤 표정을 하고 있었나.

이런 것들을 머릿속으로 영화처럼 떠올리며 그 영화 내용을 하나하나 해설하듯 소리 내어 말하는 것이다. 이때 가능하다면 보이스레코더에 녹음해뒀다가 나중에 다시 들으면서 그 영상을 떠올려보고, 다시 그것을 말로 표현해보자.

요즘에는 보이스레코더에 음성인식 소프트웨어가 들어 있어서 음성을 텍스트로 변환하는 게 가능하다. 그러므로 녹취된 내용을 인쇄해서 문자로 읽어보고 다시 머릿속으로 영상화하는 것도 좋을 것이다.

이미지 스트리밍은 한 번에 5분이면 충분하다. 그렇게 매일 한 번씩만 하면 머릿속의 영상을 이미지화하는 습관을 들일 수 있다. 그리고 그 이미지를 보고, 듣고, 말하고, 맛보고, 냄새 맡고, 느끼고, 분석하고, 놀라는 등 오감을 사용하고 감정을 표현하는 훈련을 함으로써 시각 이미지와 감각을 새로이 결합할 수 있다.

그렇게 되면 결과적으로 다른 사람에게 무언가 전달하고 싶을 때 문자와 영상을 보다 효과적으로 결합해서 설명할 수 있게 된다.

이 책에서는 이미지 스트리밍의 방법 가운데 아주 간단한 것만 소개했다. 전문 강좌를 들으면 타임머신법이나 천재의 능력을 빌리는 방법 등 좀 더 세분화된 기법을 배울 수 있다.

③ 일러스트와 도표를 활용하라

시각화능력을 익히기 위한 세 번째 실천방법은 일러스트와 도표를 항상 의식하고 활용하는 습관을 들이는 것이다.

같은 블로그 포스팅이라 하더라도 꼬박꼬박 사진이나 일러스트, 도표를 넣는 것이다. 단순히 보기 좋게 하려고 그럴 수도 있지만, 기본적으로 상대방이 내용을 상상하는 데 도움을 주기 위해서다.

왜 일러스트와 도표가 중요할까? 거듭 말하지만 순간적으로 우리에게 줄 수 있는 정보량이 문자보다 월등히 많기 때문이다.

'백문이 불여일견(百聞不如一見)'이라는 속담도 있듯이, 실제로 도표와 일러스트를 보거나 사진을 참조하면 상대방은 당신이 전하는 내용을 보다 쉽게 이미지화할 수 있다. 이것을 가장 적극적으로 활용하는 매체가 바로 잡지다. 최근에는 신문에도 중요한 기사에는 대부분 도표를 넣고 있다.

다른 사람에게 설명할 때 중요한 것은 '내가 얼마나 많이 알고 잘 말하느냐'가 아니다. 당신이 정말 신경 써야 할 것은 '상대방의 경험적 지식이나 무의식을 움직일 계기를 얼마나 많이 제공해 각성시킬 수 있는가' 여부다.

즉 상대방이 되도록 쉽게 자신의 체험과 직감을 이미지화할 수 있도록 해야 한다는 사실을 끊임없이 의식해야 한다. 그래서 무언가 설명하거나 기획안을 제출할 때 도표를 사용하고 일러스트로 표현하고 사진을 넣으라는 것이다. 나아가 단순히 단어로 '아는' 것이 아니라 몸으로 확실히 '느끼게' 하기 위해서도 일러스트와 도표를 사용한 커뮤니케이션은 매우 중요하다.

특히 머릿속을 정리할 때는 도표를 활용하는 것이 좋다.
문자로는 애매하게 얼버무려 쓸 수도 있지만, 그것을 도표로 만들어 가로축과 세로축의 연관성을 고찰해보면 자신이 정말 제대로 알고 있는지 아닌지 알 수 있기 때문이다.
단, 도표라도 아무 생각 없이 이미지만 넣은 것이라면 그것은 도표가 아닌 낙서가 되어버리기 때문에 상대방에게 아무것도 전달할 수 없음을 명심하자.

일러스트와 도표의 중요성은 이 책을 봐도 알 수 있다. 이 책에 가장 반복적으로 나오는 이미지는 무엇인가?
그렇다. '6단계 사고'와 '비즈니스 사고력'의 관계를 표시한 이미지다. 이 이미지는 이 책 내용의 대리변수다. 여기서 말하는 '대리'란 '과장·대리'에서의 대리와 같은 뜻이다. 즉 이 책 내용에는 이만큼의 가치가 있으며, 그것을 그림으로 표현하면 이렇다는 뜻으로 넣은 것이다. 이 이미지만 있으면 이 책 내용의 구조를 거의 이해한 것이나 다름없다.

도표와 그래프, 일러스트 등 비주얼 자료를 적극적으로 활용하는 것은 하나의 습관이다. 그러니 기획안을 쓸 때든 개인적 포스팅을 할 때든, 가까운 데서부터 실천해보자.

④ 충분히 자고 꿈을 활용하라

시각화능력을 익히기 위한 마지막 실천방법은 조금 엉뚱하다. 그것은 충분히 자고, 꿈을 활용하는 것이다. 많은 사람들이 간과하는 사실이지만, 수면의 큰 역할 중 하나가 바로 머릿속의 여러 가지 정보를 정리하는 것이다.

특히 중요한 것은 렘 수면(REM sleep)이다. 렘 수면은 수면 후 80~120분 정도 지났을 때 찾아오며, 안구가 빠르게 움직이고 두뇌도 활동하고 있지만 몸은 잠들어 있는 상태다.

이때 우리는 온갖 꿈을 꾼다. 그러면서 머릿속에 있는 여러 가지 것들이 영화처럼 재생되고 분해되고 다시 새로운 아이디어를 낳는 과정을 통해 정리된다.

그러므로 잘 자면 잘수록 머리가 좋아진다.

나는 평소 어떤 아이디어에 매달려 고민할 때면 일단 잠을 청한다. 시각 이미지, 그래프 그리고 포토리딩을 포함한 모든 재료를 머릿속에 마구 집어넣고 우선 한잠 자는 것이다. 그러면 잠깐 자는 사이 고민하던 문제가 숙성되어 해결책이 갑자기 휙 떠오르는 경우가 많다.

물론 잠에서 깨자마자 아이디어가 척척 생각나는 것은 아니다. 머릿속에 아이디어의 힌트를 담은 시냅스가 연결돼 있다가 멍하니 있거나 자전거를 탈 때, 또는 목욕할 때 그 생각이 다시 떠오른다.

즉 앞서 소개한 3가지 실천방법을 통해 시각화한 여러 가지 자료를 머릿속에 정리해주는 것이 수면이다. 잠을 자면 꿈을 통해 그것들을 정리하고 다시 시각 이미지로 재생할 수 있다. 그러므로 비즈니스 사고력을 기르기 위해서는 꿈을 꾸는 것이 매우 중요하다.

이제 다음날까지 아이디어를 제시해야 할 안건이 있다면, 아이디어를 짜내느라 밤 새우는 것보다는 정보를 수집해서 분석해놓고 나서 푹 자는 것이 백배 낫다. 충분히 자고 꿈을 많이 꿀수록 나중에 놀랄 만큼 새로운 아이디어를 많이 낼 수 있을 것이다.

CHAPTER

6

숫자사고력
분해하고, 단순화한다

평 가
지적체력
세렌디피티

통 합
언어능력

숫자사고력

시각화능력

분 석
수평사고력
논리사고력

응 용

이 해

지 식

B U S I N E S S　　T H I N K I N G

NUMERICAL THINKING

가장 단순하고 명쾌한 사고법, 숫자사고력

시각 이미지의 대척점, 숫자의 세계

앞서 5장에서는 비즈니스 사고 중에서도 특히 통합적 사고에 유용한 시각화능력에 대해 설명했다.

그런데 시각화능력에서 언급한 디자인 및 시각 이미지는 방대한 정보를 한 번에 발신할 수 있는 반면, 치명적인 단점 또한 있다. 내가 다른 사람들과 어떤 내용을 공유했어도 그 사람들이 내가 전달한 내용을 모두 똑같이 이해하기는 어렵다는 것이다. 정보량이 많은 대신, 사람에 따라 다르게 받아들일 수도 있기 때문에 엄밀히 말해 내가 전한 것을 상대방이 그대로 인식하는 데는 무리가 있다.

이런 '시각 이미지'의 정반대 개념이 바로 '숫자'다. 숫자는 명쾌하다. 누가 봐도 3이면 3, 4면 4다.

시각 이미지가 방대한 정보를 될 수 있는 한 그대로 주고받는 것이라면, 숫자는 정보를 짜내고 짜내 가장 단순한 형태로 만든 것이다.

이렇게 볼 때 통계나 재무 같은 특정 분야에서만 숫자를 쓰면 된다는 생각은 곤란하다. 오히려 온갖 정보를 무리해서라도 숫자로 바꿔볼 필요가 있다. 그렇게 하면 사칙연산이 가능해지기 때문에 다른 정보과 비교할 수도 있고, 다른 사람과도 간단하게 공유할 수 있다.

사람의 체격을 예로 들어보자. A는 뚱뚱하고 B는 날씬하다고 설명할 때 그냥 'A가 B보다 뚱뚱한 것 같다'고 말하면 너무 주관적이다. 그런데 이 말을 신장과 체중이라는 숫자를 이용해 설명하면 갑자기 객관성을 띠게 된다. 'A는 키 160cm에 74kg이고, B는 158cm에 52kg'이라고 하면, A가 뚱뚱하다는 사실을 굳이 눈으로 확인하지 않아도 숫자를 통해 명백히 알 수 있다.

나아가 이것을 BMI로 나타내면 '뚱뚱하다', '날씬하다'는 말의 의미가 더욱 확실해진다. BMI란 체중을 신장(미터 단위)의 제곱으로 나눈 '비만도'다. 이 수치가 20 미만이면 너무 마른 것이고, 20~24 정도는 표준, 25 이상이면 과체중이고, 30을 넘으면 비만으로 분류한다.

A와 B의 BMI를 계산해보면 A는 28.9, B는 20.8이 된다. 이렇게 BMI 데이터를 표시함으로써 두 사람의 비만도를 더 엄밀하게 비교할 수 있게 되었다.

예시에서 알 수 있듯이, 시각 이미지로는 객관적으로 비교하기 힘든 것도 숫자로 나타내면 쉽게 비교할 수 있다. 어떤 정보든 오해의 여지 없이 공유할 수 있게 해주는 것, 이것이 숫자사고의 가장 큰 매력이다.

가장 정확한 정보공유 수단

생각한 것의 의미를 짜내고 짜내 표현하고 추상화하다 보면 최후에는 숫자가 된다. 그런데 숫자에 약하면 상대방이 말하는 것을 숫자로 표현하기도 힘들뿐더러, 자신이 말하고자 하는 바를 숫자로 나타내기 어렵다. 결국 커뮤니케이션에서 매우 불리해지는 것이다.

사람들은 종종 이과계열을 전공하지 않는 한, 숫자에 약해도 별 상관없다고 생각한다. 그러나 개념적인 사고를 할 때는 일단 생각을 숫자로 치환한 후 조합하는 과정을 종종 거치기 때문에, 숫자사고력은 누구나 갖춰야 할 필수적 스킬이다. 이것은 뒤에서 다시 자세하게 다루도록 하겠다.

숫자의 특질이 가장 잘 구현된 것이 바로 '돈'이다. 왜 돈이 세상에 이렇게나 깊이 침투해 있는 것일까? 그것은 재화 또는 서비스가 가진 가치를 화폐의 형태, 즉 달러 등의 단위를 가진 숫자로 해석해 공유할 수 있기 때문이다.

1장에서도 말했듯이 '돈은 가치를 나타낸다', '돈은 감사의 표시' 등으로 바꿔 말할 수도 있다. 어떤 물건을 살 때 그 물건을 만든 사람에게 직접 감사할 수는 없지만 돈을 지불함으로써 얼마나 그 사람에게 감사하고 있는지 표현할 수 있기 때문이다.

서양의 팁 제도가 바로 그렇다. 지금은 형식적으로만 남아 있는 부분도 있지만, 어쨌든 좋은 서비스를 받았으면 밥값의 20%나 30%를 인심 좋게 팁으로 내놓기도 하고, 서비스가 별로 좋지 않다 싶으면 5%나 10% 정도만 주기도 한다. 이렇게 상대방에 대한 감사의 정도를 팁의 액수로 나타낸 것이다.

이 밖에도 여론, 출산율, 인구구성, GDP, 기업 매출액 등 여러 가지 트렌드와 실상을 수치로 파악하는 것은 필수불가결하다. 특히 비즈니스를 할 때 '이 사업에는 3가지 성공요인이 있다', '이 사업의 마케팅은 5가지 요소를 충실히 이행해야 성공할 수 있다', '이 사업의 광고에는 2,000만 엔이 든다. 그리고 그에 따른 이익은 8,000만 엔 정도로 예상한다' 등 숫자를 넣어 표현하면 보다 원만하게 커뮤니케이션을 할 수 있다.

이렇게 숫자를 쓰면 자신의 경험과 비교해가면서 상대방과 커뮤니케이션할 수 있을 뿐 아니라, 상대방의 기억과 경험을 보다 쉽게 살려낼 수 있다. 즉 숫자를 이용하면 '표현의 폭'을 넓힐 수 있다.

때에 따라서는 숫자를 이용해 상대방의 견해를 살짝 속일 수도 있다. 구체적으로 말하면, 상대방을 일정한 방향으로 유도할 수 있다는 뜻이다.

예를 들어 마케팅 조사 등에서 자기 입맛에 맞게 질문을 설정하고 상대방에게 진심과 관계없이 질문자가 의도한 답을 말하게 해서, 자신에게 유리한 결과를 퍼센트 등의 숫자로 도출하는 것이다.

회계도 교묘하게 포장이 가능해서, 마음만 먹으면 결산서도 수정하거나 은폐할 수 있다. 엔론 등 부정한 기업이 저지른 분식회계가 악의적으로 숫자를 이용한 대표적인 사례다.

결국 숫자라는 것은 대중의 정보공유와 의사결정을 돕는 도구이지만, 엄밀하게 보면 애매한 부분도 있다. 예리한 칼날처럼, 숫자도 잘 쓰면 무엇보다 신뢰할 수 있지만, 잘못 다루면 치명적인 소통수단이라는 것을 명심해야 한다.

그러므로 왜곡된 숫자에 현혹되지 않기 위해서라도, 그리고 세상의 잡다한 정보를 숫자라는 믿을 수 있는 형태로 적절히 표시하기 위해서라도 숫자를 다루는 테크닉을 배울 필요가 있다.

창조적인 사람이 숫자를 잘 다룬다

숫자가 가지는 또 한 가지 이점은 숫자와 숫자를 조합할 수 있다는 것이다. 앞서 말한 BMI는 신장과 체중을 조합한 것이다. 이와 같이 A라는 숫자와 B라는 숫자가 있을 때 그것을 곱하거나 나누거나 더하고 빼는 과정에서 그때까지 지식이라고 생각지도 못했던 새로운 지혜를 얻을 수 있다.

숫자에 강하고 산수를 잘하는 것이 중요한 이유는, 숫자를 통해 잘 모르는 것을 유추할 수 있기 때문이다. 1장에서 일본에 개가 몇 마리 있는지 계산해보았는데, 이것도 어떤 의미로는 숫자의 조합이다. 일본의 세대수와 개를 기르는 가구의 비율 두 가지를 조합해 일본 전체에 개가 몇 마리인지 숫자로 파악할 수 있었기 때문이다.

만약 당신이 숫자에 약하고 이해가 잘 안 된다면, 그 이유는 현상을 조합하는 '창의성'이 부족하기 때문이다. '숫자는 논리와 밀접히 연관된다고 생각했는데, 난데없이 창의성이라니?' 하고 고개를 갸웃거리는 독자가 있을지도 모르겠다. 흔히 생각하기에 숫자 자체는 창의성과 별 상관없는 것 같지만, 사실 숫자 사고력은 창의성이 없으면 매우 빈약해진다.

숫자를 조합하는 능력을 키우려면 일단 주변 사물을 수치로 나타내 비트다운(정보량을 압축해 단순하게 표현하는 것)하고, 그 결과물을 조합하면서 다시 비트를 올려 아이디어를 팽창시켜야 한다. 이렇게 조합한 숫자를 '이미지와 언어의 접착제'로 활용하는 것이다. 이런 역할을 함으로써 상대방과의 의사소통을 원만하게 하는 것이 숫자사고력의 핵심기능이다.

숫자사고력의 가치를 알았다면, 이제 숫자사고력을 향상시키기 위한 3가지 테크닉과 4가지 실천방법에 대해 자세히 알아보자.

2

숫자사고력의 3가지 기본 테크닉

① 이성과 감성을 연결한다

이성과 감성의 연결고리

먼저 숫자의 의미에 대해 정리해두자.

한마디로 말하면, 숫자의 가장 큰 역할은 '이성과 감성을 연결하는 것'이다.

가령 몸에 열이 있어서 출근을 못하겠다고 말하고 싶을 때, 그냥 '열이 있다'고만 말하는 것과 '체온이 39℃까지 올랐다'고 말하는 것은 상대방에 대한 설득력 면에서 현격한 차이가 있다. 거리를 표현할 때도 '우리 집은 역에서 멀다'고 말하기보다는 '우리 집은 역에서 1km 정도 떨어져 있다'고 말하는 편이 상대방이 거리를 이미지화하는 데 도움이 된다.

일반적으로 다른 사람과 커뮤니케이션을 할 때는 다음의 3가지 요건이 필수적이다.

- 말하는 내용이 구체적인가?
- 믿을 수 있는가?
- 들은 내용을 내가 다시 말로 설명할 수 있는가?

이 3가지 요건을 충족시키지 못하면 상대방의 말을 진짜로 이해했다고 할 수 없다. 그렇기 때문에 우리는 비용 대비 효과를 높이기 위해 그 보조수단으로 숫자를 이용해 커뮤니케이션하는 것이다.

사회 현상도 마찬가지다.

예를 들어 저출산 문제의 심각성에 대해 말한다고 하자. 인구 유지를 위해서는 합계출산율(여성 한 명이 일생 동안 출산하는 자녀 수)이 2.0을 약간 상회해야 하는데, 지금 일본의 합계출산율은 1.2 정도밖에 되지 않는다. 이렇게 숫자를 이용해 표현하면 현재의 저출산 문제가 얼마나 심각한지 피부로 느낄 수 있다.

1947~49년 베이비붐 세대는 일본 초등학생 한 학년이 200만 명 이상이었는데, 지금은 8만 명 남짓밖에 안 된다. 그러므로 만

약 이 상태가 지속된다면 일본의 인구는 매년 100만 명씩 줄어, 어느 순간 현재 인구의 반밖에 남지 않게 된다. 이런 사실도 그 저 감각적으로 "요즘은 애들이 적네요."가 아니라 숫자를 이용해 설명하면 더욱 실감나게 공유할 수 있다.

이 상태가 지속된다면 2050년쯤 되면 일본 인구는 1억 명 정도로 줄어들 것이라고 한다. 게다가 그 1억 명 중 65세 이상의 고령자 비율은 35%를 넘을 전망이다. 이 숫자를 보면 그때쯤 연금제도가 파탄에 이를 것은 불을 보듯 뻔하다.

이렇듯 숫자는 우리에게 미래의 리스크와 가능성을 사전에 알려준다. 또한 숫자는 이성과 감성에 모두 호소할 수 있는 강력한 수단이다. 구체성과 신뢰성을 가지고 우리의 직관에 호소하기 때문이다.

커뮤니케이션 수단

숫자의 두 번째 의미는 '커뮤니케이션 수단'이라는 점에 있다.

내가 컨설턴트 시절에 처음으로 배운 것은 다름 아닌 '정량화의 중요성', 즉 '숫자로 표현하는 것의 중요성'이었다.

예를 들어 신규사업을 시작하려고 자료를 모을 때는 잠재고객수, 예상고객수, 예상고객단가, 시장규모, 비용 등 여러 부문에 대해 자세한 수치를 계산하게 마련이다.

이 수치들은 어디까지나 미래에 대한 예측이다. 어느 것 하나 정확하게는 알 수 없다. 그러나 설령 정확하지 않더라도 경영자는 그 계획을 진행할 것인지 아닌지를 판단하지 않으면 안 된다. 숫자는 그 판단의 실마리가 된다.

물론 이때 결과가 예상과 크게 어긋나지 않을 정도의 정확성은 유지해야 하지만, 그렇다고 결과를 정확히 예측하려는 노력이 지나치면 숫자에 대한 강박증에 빠질 위험이 있으니 조심해야 한다. 잠재고객수 같은 예상수치들은 어차피 '추측'에 지나지 않는다. 그 예상치의 오차범위가 '도박'의 수준이 아닌 다음에야, 의사결정자는 신뢰범위 안에서 수치를 참조해 판단해야 한다. 따라서 비즈니스 사고에서는 숫자의 정확성보다는 그 숫자를 계기로 사업에 대해 토론할 수 있다는 것 자체가 훨씬 더 중요하다.

이렇게 숫자란 이성과 감성을 연결함으로써 나와 다른 사람의 이성과 감성까지도 연결해주는 존재다. 그러므로 숫자를 계산하는 테크닉에 매달리기보다는, 커뮤니케이션의 한 수단으로 이용하려고 노력하기 바란다.

예컨대 숫자를 그래프로 나타낼 때도 판단을 그르치지 않을 정도로만 하면 되며, 특수한 경우가 아닌 한 소수점 이하 몇 자리까지 표시할 필요는 없다.

나는 업무상 기업분석을 할 때 매출액이 1조 2,223억 엔이든

1조 3,241억 엔이든 크게 차이는 없다고 생각한다. 반면 어느 사업부 매출액이 1억 엔이고 다른 한쪽의 매출액이 3억 엔일 때는 그 2억 엔의 차이를 진지하게 고려한다. 우리가 학자가 아닌 이상, 숫자란 절대치라기보다는 '상대적인 느낌'을 재는 커뮤니케이션 툴이라 생각하고 실용적으로 이용하는 것이 가장 좋은 것 같다.

가끔 보면 숫자를 두려워하는 사람은 아예 숫자만 나오면 머릿속이 텅 비어버리거나, 숫자에 강해지려고 끝자리수까지 달달 외우고 다닌다. 그러나 세세한 숫자 하나하나에 연연하다가는 전체를 보지 못하는 우를 범하게 된다.

정말 숫자에 강한 사람은 대부분 숫자를 전체적으로 인식한다. 그러니 부디 당신도 숫자는 단지 외우는 것이 아니라, 이미지로 파악하고 감성으로 대해야 하는 것이라고 이해하기 바란다.

② 숫자로 분해한다

숫자사고력의 두 번째 테크닉으로 주변 사물을 '숫자로 분해하는 기술'을 살펴보자. 지금까지 숫자는 커뮤니케이션의 수단으로 이용할 필요가 있다고 강조했다. 그때 가장 중요한 것은 무엇일까?

답은 '숫자로 분해할 수 있어야 한다'는 것이다.

측정하고 관리할 수 있을 때까지 분해하라

'분해할 수 있어야 한다.' 이 말이 중요한 이유는, 측정할 수 없으면 관리도 할 수 없기 때문이다.

스티븐 코비(Stephen Covey)는 자신의 책 《성공하는 사람들의 7가지 습관(The Seven Habits of Highly Effective People)》에서 '중요도'와 '긴급도'에 따라 시간을 관리하는 우선순위 매트릭스를 소개했다. 그 핵심은 '중요하되 긴급하지 않은 일'에 좀 더 시간을 투자하는 것이다. 나 또한 원고를 집필할 때 가장 먼저 하는 일이 이 매트릭스를 작성해서 시간을 어떻게 써야 할지 기록하고 측정해 분석하는 것이다. 즉 나의 24시간을 4개의 칸으로 나눠 분해해 분석하는데, 그렇게 분해하고 계산하면 어디에 개선의 여지가 있는지 생각할 수 있다.

그뿐 아니라 숫자를 잘게 분해해보면 프로젝트를 자세한 업무로 쪼개 흐름을 파악할 수도 있고, 각 업무에 필요한 시간을 배분할 수도 있다. 학교 교육과정도 초등학교 1학년부터 고등학교 3학년까지 우리가 사회생활을 하기 위해 필요한 것들을 분해해 발달단계에 맞게 만든 것이다. 그런 교육과정이 있기에 각 학년, 학기, 교과, 과목마다 내용파악 정도를 시험으로 측정할 수 있는 것이다.

국가예산을 배분할 때 각 예산에 따른 정책목표수치를 정하는 것도, 그 수치에 대한 달성도를 평가하는 것도 숫자의 분해다. 우리가 가계부를 쓸 때 항목별로 지출을 관리하고 새로운 목표치를 정하는 것도 분해다.

일상생활에서도 숫자의 분해는 쉽게 찾을 수 있다. 누구나 관심 갖고 있는 다이어트를 예로 들어보자. 1일 칼로리 섭취량 중에서 오늘 아침은 몇 칼로리, 점심은 몇 칼로리, 저녁은 몇 칼로리 먹었다는 것도 숫자를 분해한 것이다.

일반적으로 약 7,000kcal를 과다 섭취하면 체중이 1kg 증가한다고 한다. 그렇다면 어떻게 살을 뺄 것인가 계획하는 것도 가능할 것이다. '7,000kcal=1kg'이라는 분해된 숫자가 있으니 말이다.

어떤 것이든 사물을 통째로 뭉뚱그려 생각하면 계획을 도출하기 매우 어렵지만, 이것을 구분하고 수치로 나타내 분해하면 작은 것에서 해결책을 찾을 수 있다. 즉 어떤 것이든지 '숫자'라는 작은 덩어리로 쪼개면 측정하고 관리할 수 있다.

무엇이든 숫자로 세분화하라

혼자 무언가 생각할 때나 다른 사람에게 설명하거나 제안할 때는 항상 '그것을 더 분해할 수는 없을까' 하고 생각하자.

새로운 음료수를 론칭한다고 생각해보자. 상품 개발과 함께 마케팅 담당자는 구체적인 목표매출액을 정해야 한다. 그 다음에는 어떻게 팔지 요인별로 분해해서 생각한다. 출시된 다음에는 일주일 또는 하루당 목표치를 분석하고, 구매자의 성별비율이나 연령층, 날씨 등 변수에 대해서도 다시 분해해서 생각할 수 있다.

이때는 대상을 될 수 있는 한 숫자로 쪼개는 것이 핵심이다. 시각 이미지가 전체적인 사고를 지향하는 데 반해, 숫자는 철저히 세분화된 사고를 지향한다.

숫자에 의한 세분화를 실제 비즈니스에 응용해보자. 새로운 전략을 세울 때 실시하는 감응도분석(sensitivity analysis)이라는 것이 있다. 이것은 투입요소의 변화가 결과에 미치는 영향을 분석하는 기법으로, 예를 들어 더 큰 이익을 내기 위해 광고비를 얼마나 더 들여야 하는지, 원가를 얼마나 내리면 되는지, 신규 고객을 얼마나 개척해야 하는지, 상품가격을 얼마나 올려야 하는지 등을 분석할 때 쓰인다.

제품 가격을 9,000엔에서 1만 엔으로 올릴 때 소비자의 저항에 직면하지 않으려면 사전에 매출액과 원가, 잠재고객층의 소득수준과 니즈 등의 내역을 대략적이라도 숫자로 분해해 파악해둘 필요가 있다. 만약 경기가 어려워 잠재고객의 구매욕구가 얼어붙고 있는데도 원가 상승만을 고려해 섣불리 가격을 올리다가는 소비자의 외면을 면치 못할 것이다. 이럴 때는 원가절감 방안을 마련하는 등 분해한 요소에서 다른 대안을 찾는 편이 효과적이다.

이처럼 숫자를 분해하면 미래의 가능성에 대해 측정할 수 있고, 나아가 관리할 수도 있게 된다. 숫자에는 바람직한 결과를 낳는 열쇠가 들어 있고, 그 결과에 대해 관계자들과 원활히 커뮤니케이션할 도구도 들어 있다. 그러니 설령 '수학은 나의 적(敵)'이라 생각하더라도, 숫자를 적절히 활용하는 방법에는 관심을 가지기 바란다.

③ 통계를 읽는다

숫자사고력의 기본 테크닉에서 세 번째로 중요한 것은 바로 '통계'다.

통계를 자기 편으로 만든 비즈니스맨은 그렇지 않은 사람보다 압도적 우위에 설 수 있다.

직감적으로 안다거나 계산을 통해 알 수 있는 것이라면 혼자 힘으로 어떻게든 되겠지만, 구체적이고 객관적인 경향이나 과거로부터 유추하는 작업에는 통계적 지식이 절대적으로 필요하다.

그러나 의외로 비즈니스맨들은 통계를 많이 활용하지 않는 것 같다.

통계의 유용성에 대해, 내가 2007~08년에 경제지 〈일경머니 (日經Money)〉의 통계처리 작업에 참여했던 경험을 토대로 설명하겠다.

〈일경머니〉는 매년 개인투자자를 대상으로 일련의 앙케트 조사를 실시한다. '어떤 종목을 어떤 포트폴리오로 구매하는가? 어떤 데이터를 참조하며, 무엇을 판단기준으로 삼고 있는가? 자산은 어느 정도이고, 수입은 얼마쯤이며, 올해와 작년 또는 재작년의 자산수익률은 몇 퍼센트였는가?' 이런 질문을 2007년에는 8,000명, 2008년에는 5,000명에게 묻고 그들의 답을 모았다.

이렇게 양이 많다 보니, 응답 데이터만 봐서는 제대로 경향을 파악할 수 없다. 그러나 그 방대한 응답 데이터와 함께 개개인의 여러 속성과 요인을 전부 통계 프로그램에 넣어 결과를 산출해보면, 어떤 사람이 안정적으로 투자수익을 내며 어떤 사람이 투자손실을 보기 쉬운지 그 성향을 명확하게 알 수 있다.

공부하기 좋아하는 사람은 투자수익이 많고, 공부를 싫어하고 대박을 노리는 사람은 손실이 크다. 그리고 매일 자신이 투자한 주식이 올랐는지 내렸는지 신경 쓰고 초조해하는 사람은 투자수익률이 나쁜 반면, 마음 편히 놔두는 사람은 수익률이 좋다.

또한 많은 재테크 전문가들이 주장하듯, 손절매 법칙을 지키는 사람이 그렇지 않은 사람보다 실제로 투자수익이 많다는 것도 명확하게 드러났다. 통계 프로그램에 넣기만 하면 이 모든 것이 한눈에 드러난다.

통계를 가장 적극적으로 활용하는 분야는 금융기관이다. 은행에서는 주택자금 대출을 해주면서 상환능력을 심사할 때 그 사람의 예금과 입출금 실태, 공공요금 지불 등에 대해 평가하고 대출금을 갚을 가능성을 등급으로 매긴다. 그렇게 해서 거의 정확하게 그 사람의 상환 가능성을 예측할 수 있다.

실로 통계의 유무로 근대와 현대를 나눌 수 있다고 말할 정도로, 통계는 우리의 리스크와 의사결정에 정밀함을 더해준다.

참고로 리스크와 관련해서는 통계에서 사용하는 '유의수준(significance level)'이라는 개념을 알아두자.

어떤 조사를 했을 때, 이 조사결과가 과연 맞는 것인지 샘플이 한쪽에만 편중된 것은 아닌지 걱정할 수도 있는데, 통계학에서는 이것을 '유의수준'이라고 한다.

만약 같은 조사를 100번 했을 때 거의 같은 결과가 99번 나왔다면 '1% 유의수준'이라고 하고, 100번 중에서 같은 결과가 95번 나오면 '5% 유의수준'이라고 한다. 일반적인 통계작업에서는 5% 유의수준에서 샘플링 조사를 한다. 이 말은 곧 조사결과의 95%는 믿을 수 있는, 즉 실질적으로 '리스크가 없는' 결과라는 뜻이다.

모든 사물에는 '평균'과 '분산'이 있다

나는 통계에 심취해 있다. 지금까지 '하늘에 맡긴다'는 심정으로 했던 일들을 통계는 높은 신뢰수준으로 예측할 수 있게 해주기 때문이다. 일기예보처럼 과거 데이터에서 유추해내 미래를 어느 정도 예측할 수 있게 하는 것이 바로 통계학의 역할이다.

통계학 자체가 매우 큰 개념이기 때문에, 여기서 그것을 일일이 설명하면 그것만으로도 책 한 권은 될 것이다. 그러므로 이 책에서는 간단한 개념만 몇 가지 설명하겠다.

먼저 '평균치'와 그 '분산'만은 반드시 기억해두자. 일반적으로 '평균치'에 비해 '분산'을 놓치기 쉽다.

'분산이 있다'는 것이 도대체 무슨 말일까? 예를 들면 프로야구에서 신인왕을 차지한 사람은 다음 해에는 기대한 만큼 활약을 못하는 경우가 많다. 이것은 당연히 신인왕이 되어야 할 사람보다 어쩌다가 운 좋게 신인왕이 된 사람이 많기 때문이다.

즉 그 해에 자신의 평균적인 역량보다 월등한 결과가 나온 것이다. 통계로 보면 '분산이 크게 나온 것'이다. 운이 좋아서 그렇게 된 것이라면 그 후 당연히 '평균'으로 회귀하기 때문에, 다음 해에는 성적이 저조해지고 결국 '제로섬(zero-sum)'이 된다.

물론 몇 년에 한 번쯤은 진짜 능력으로 눈부신 성과를 계속 내는 사람도 나올 것이다. 그래도 확률적으로는 어쩌다 운이 좋아

신인왕이 되는 사람이 훨씬 많다.

이렇게 어떤 데이터를 볼 때, 사물에는 '평균'뿐 아니라 '분산'이 있다는 것을 파악하고 있으면 사물을 대하는 관점이 보다 예리해질 것이다.

'상관'이 있는 것에는 '원인'이 있다

통계학에서 한 가지 더 알아두어야 할 개념은 '상관'이다.

'비만도가 높은 사람은 소비자금융기관에서 돈을 빌렸을 확률이 높다'는 사실을 알고 있는가?

이 사실은 앞에서 언급한 〈일경머니〉의 앙케트와 같은 방법으로 수많은 사람들을 다양한 항목으로 조사한 데이터를 수집해 분석한 결과다. 비만도와 소비자금융기관 이용 유무에 대해 '통계적으로 유의미한 상관관계가 있다'는 결과가 나온 것이다. 이 사실은 앙케트를 작성할 때 비만도 항목을 넣지 않았다면 전혀 알 수 없었을 것이다. 그렇다면 조사자가 처음부터 이 두 가지의 상관관계를 유추하고 증명하고자 했을까?

그보다는 조사결과를 보고 원래 그 두 가지가 서로 관련이 있었다고 분석해 유추했다는 게 맞을 것이다.

실제로 이것은 이치에 맞는 말이다. 처음부터 예상하고 있었던 것이 아니라 이렇게 어쩌다가 생각지도 않았던 항목에서 상관관계를 발견하는 일도 있는 것이다. 이때 결과를 놓고 그 원인을 생각해보면 미처 몰랐던 공통점을 발견할 수 있다.

먼저 비만도가 높은 사람과 소비자금융기관에서 돈을 빌린 사람의 공통요인을 생각해보자. 이 사람들은 미래에 화를 입게 될 줄 뻔히 알면서도 당장의 즐거움을 못 참는다(경제학에서는 이것을 '시간할인율(time discount rate)'이라 한다).

살이 찔 것을 잘 알고 심지어 건강에 해롭다는 것도 알면서 당장의 즐거움과 스트레스를 이기지 못해 술을 마시고 케이크를 먹는 사람들이 살이 찐다. 마찬가지로 소비자금융기관에서 돈을 빌리면 높은 금리 때문에 나중에 힘들어질 것이라는 사실을 알면서도 눈앞의 소비욕구를 참지 못하고 빚을 지고 만다. 결국 '비만'과 '소비자금융 대출' 사이에는 '눈앞의 유혹에 약하다'는 공통점이 있는 것이다.

이처럼 통계처리를 하면서 상관관계를 찾아내면, 그 이면에는 어떤 원인이 있을 것이라고 추측하는 게 가능해진다.

어떤가? 통계의 세계가 흥미롭지 않은가? 통계는 숫자로 가득 찬 난해한 세계라고 오해하기 쉽지만, 사실 통계는 우리가 간과하는 다양한 현상을 말해준다. 통계를 알고 세상을 보면 그 시각 자체가 달라지는 것을 느끼게 된다.

통계는 모르는 것을 알려고 할 때보다는 숫자를 이용해 어떤 것을 사고할 때 그 배경을 알 수 있도록 힌트를 주는 기능이 강하다. 기업에서 일류대학 출신을 선호하는 것도, 그 사람이 일류대학에 들어갈 정도의 기초지식과 생활 리듬을 갖고 있을 것이라는 통계학적 추측 때문이다.

또한 개론적이나마 통계지식을 갖고 있으면 세상을 보는 시각이 크게 바뀐다.

예를 들면, 신문이나 잡지를 비롯한 각종 매체의 보도를 접하면서 기자의 통계지식이 부족해서인지 기사 내용이 조금 이상하다는 느낌을 종종 받게 될 것이다. 기업과 정부가 자기네 사정에 맞게 통계 데이터를 만들고 이용하고 있다는 것도 알게 될 것이다. 그런 것들에 휘둘리지 않기 위해서라도 통계지식을 갖출 필요가 있다.

반대로, 내가 숫자를 이용해 다른 사람에게 설명할 때는 그것이 통계적으로 정말 유의미한지 잘 생각할 필요가 있다.

예를 들어 어떤 상품에 대한 앙케트 결과를 발표한다고 치자. 이때 연령층에 따라 그 상품의 구매유무에 명확한 차이가 있다고 해서 바로 결론을 내려버리면 안 된다. 분산과 샘플 수를 보면 그 차이가 통계적으로 유의미한 것인지, 아니면 어쩌다 이번 앙케트에서만 그런 결과가 나온 것인지 알 수 있으므로 반드시 통계의 신뢰도 자체를 검토한 후에 판단해야 한다.

　통계를 익히게 되면 앞으로는 투자대비 기대치가-10%인 도
박장에도 가지 않고, -25%인 경마도 하지 않게 될 것이다(물론
여가로 경마를 하는 건 나쁘지 않다).

　무엇보다 투자 대비 기대치가 -55%인 복권은 결코 사지 않
게 될 것이다. 신흥시장의 성장주처럼 리스크가 큰 금융상품에
손대지도 않을 것이며, '무조건 대박'을 외치는 수상한 사업에
투자하지도 않을 것이다.

　다시 한 번 강조한다. 통계를 당신편으로 만들어라. 그러면 통
계는 당신의 평생 친구가 되어줄 것이다.

3

숫자사고력을 익히기 위한 4가지 실천방법

① 숫자를 보는 습관을 들여라

그러면 이제부터는 실제로 숫자사고력을 향상시키는 4가지 방법에 대해 살펴보겠다.

첫 번째는 일단 각종 정부발표와 여론조사, 기업 데이터 등의 숫자를 보는 습관을 들이는 것이다. 그것도 설레는 마음으로 즐겁게 봐야 한다.

이런 숫자정보들은 찾기 쉽다. 신문에도 여러 형태의 숫자정보가 발표되고 있고, 정부 통계청 사이트에 들어가면 거의 매일 새로운 통계자료가 올라온다. 여론조사도 여기저기에서 매일 발표되고 있고, 기업 매출액이나 TV 시청률 같은 수치도 쉽게 확인할 수 있다.

그렇다 해도 관심이 없으면 눈에 띄지 않고, 귀에도 들어오지 않는 법이다. 그저 물 흐르는 대로 따라 흘러갈 뿐. 그러나 각종 수치의 이면에 담긴 상관관계, 논리, 사람들의 심리 등을 파악하고자 자세히 살펴보면 실로 재미난 드라마가 펼쳐질 것이다.

예를 들어보자. 내가 좋아하는 데이터 중에 광고대행사 덴쓰에서 매년 발표하는 '일본의 광고비'라는 자료가 있다. 이 자료는 신문·잡지·라디오·TV 같은 기존 미디어와 인터넷과 위성방송 같은 뉴미디어의 광고비 추이에 관한 것인데, 보고 있노라면 정말 재미있다.

언론계에 종사하는 사람과 이야기를 해보면 많은 매체에서 광고가 줄어 곤란을 겪고 있다고 말한다. 그런데 가만히 보면 이상하게도 덴쓰의 데이터를 보는 사람이 별로 없는 것 같다. 모두들 자기들 잡지에 실린 데이터밖에 보지 않는 듯싶다. 우물 안에서 배 고프다고 울어대는 개구리 형국이다.

그러나 시장 전체의 데이터를 보면 여러 가지 사실을 알 수 있다. 이 전체 데이터에 각 방송의 시청률 데이터와 NHK가 5년마다 시행하는 '일본인의 생활시간'이라는 조사결과(우리가 어떤 일에 시간을 쓰고 있는지를·대규모로 조사한다)를 조합해보자. 그러면 우리가 TV와 신문을 어느 정도 보고 있는지 알 수 있고, 그 추이는 광고비 지출 추이와 어떤 관계가 있는지도 알 수 있다.

그리고 그것을 덴쓰·야후·후지TV 등 대표적인 기업의 매출액이나 주가와 연계해 생각해보면 앞으로 미디어 산업이 어떤 방향으로 흘러갈지 예측할 수도 있다. 이렇게 숫자는 언제나 재미있는 퍼즐을 제공한다.

정부에서 발표하는 물가와 금리, 예산을 보면 어떤 생각이 드는가? 이것도 그냥 흘려보면 단지 숫자의 나열에 불과하다. 그러나 마찬가지로 여러 숫자들의 조합과 관련성을 찾아가며 보면 재미가 배가된다.

예를 들어 CPI(소비자물가지수) 변동폭이 얼마나 되면 물가가 오르는 것일까? 그래서 경제파탄에 이르지 않으려면 금리를 어떻게 억제해야 하나? 그리고 그렇게 하면 기업의 주가는 어떻게 되는가? 환율 변동은 주가에 어떤 영향을 미치는가?

신문이나 인터넷에서 간단하게 입수할 수 있는 수치만 잘 살펴봐도 이런 사실을 알아낼 수 있다. 이렇게 숫자의 이면을 찾아내는 즐거움을 당신도 느껴보기 바란다.

아울러 당신과 관계된 주요 숫자들은 가급적 외워두도록 하자. 예를 들어 자사매출액과 시장규모, 평균급여와 동종업계의 평균급여 등 회사에 관련된 것들이 있을 수 있겠다. 그 외에 또래집단이 하루 시간을 어떻게 보내는지, 수입을 어떻게 쓰는지 등 셀프라이프에 관한 것들도 있다.

반복해서 말하지만 숫자를 잘 보면 그 이면에 우리 인간이 어떻게 활동하고 있으며 세상이 어떻게 변하고 있는지 생생하게 알 수 있다.

비즈니스 사고의 관점에서 숫자를 대하는 올바른 방법은 숫자 자체가 아닌 '인간을 관찰하는 관점'에서 살펴보는 것이다. 이렇게 보면 숫자가 무척 재미있어진다. 그러니 무턱대고 숫자를 기피하지만 말고 우선 자신이 관심 있어 하는 분야에 관한 숫자를 찾아보도록 하자.

특히 백서를 추천한다. 레저백서·인터넷백서·여성백서·노동백서·국민생활백서 등 여러 가지 백서들이 있다. 백서는 데이터의 보물창고다. 부디 이런 데이터들을 보고 변화를 느끼고 통계를 읽으면서 앞으로의 동향을 예측해보기 바란다.

② 주변의 숫자를 기록하라

앞에서 언급한 숫자들은 관청이나 기업에서 발표하는 비교적 큰 규모의 숫자들이었다. 이번에는 자기 자신이 컨트롤센터 또는 데이터센터가 되어 주변의 숫자들을 기록해보자. 이런 방법도 숫자사고력을 익히는 데 매우 효과적이다.

가장 알기 쉬운 예로는 체중과 칼로리가 있다. 자신이 먹는 음식의 열량이 얼마나 되며, 자신을 어떻게 살찌게 하는가를 매일 기록하는 것이다.

나는 평소 만보계를 차고 다니며 그 숫자를 기록한다. 걸음 수뿐 아니라 택시와 자전거로 이동하는 것까지 포함해 그날그날의 이동거리도 기록하고 있다. 택시 요금체계는 최초 몇 킬로미터까지 기본요금이며, 그 후 일정 거리마다 요금이 추가되는 시스템이므로 전체 요금에서 역산을 하면 이동거리를 알 수 있다.

가장 확실한 방법은 가계부나 용돈기입장을 쓰는 것이다. 자신이 무엇에 얼마나 쓰고 있는지, 또 그것을 어떻게 통제하고 있는지 기록하면서 자연스럽게 숫자감각을 익힐 수 있다.

그 외에도 자신의 업무 패턴에 따른 효율과 생산성을 수치로 파악해두면 여러 가지 흥미있는 사실을 알 수 있다.

내가 하루에 업무 이메일을 몇 통 보내고, 얼마나 회신을 받는가? 기획서 한 장을 쓰는 데 얼마나 걸리는가? 하루 회의시간은? 이메일 한 통 쓰는 데 걸리는 시간은? 창조적인 일에 쓰는 시간은?

만약 마케팅 및 영업 부서에 종사한다면 평소에 보는 매출 데이터를 다른 항목과 조합해 여러 숫자로 나타낼 수 있을 것이다.

예를 들면, 자신이 담당하고 있는 판매점이나 지역 또는 대리점에 통계적으로 불규칙하게 분포된 항목은 없는가? 과거 데이

터로 새로운 제품의 매출을 계산할 수는 없을까? 과거 유사상
품의 매출액으로 신상품의 매출액을 예측할 수는 없을까?

일단은 자기 주변의 여러 숫자들을 모아보고 그 숫자에 직관
적으로 접근해보자. 평소 스포츠를 즐기지 않는 사람이 갑자기
시합에 나간다고 해서 운동선수처럼 멋진 플레이를 선보일 수
없다. 마찬가지로 평소에 숫자를 접하지 않는 사람은 어느 날 갑
자기 업무상 추정을 하거나 통계를 쓰려고 해도 잘되지 않는 법
이다.

그러니 오늘부터라도 주위의 숫자를 기록하는 습관을 들이고,
그 숫자를 조합하는 과정을 통해 자료의 이면에 숨겨진 의미를
유추하는 훈련을 해보자.

③ 숫자로 가설을 세워라

세 번째 방법은 숫자로 가설 세우기다. 앞서 기본 테크닉에서
도 언급한 바 있지만 여기서 좀 더 구체적으로 설명해보겠다.

숫자의 큰 역할 중 하나는 미래를 예측할 수 있게 해주는 것
이다. 이런저런 공적 데이터와 기업의 공개자료를 모아서 나눠
보고 곱해보고 더하고 빼보면서 조합해보자. 이처럼 기존의 자
료를 다시 조합하는 과정을 통해 미지의 것에 대한 가설을 세울
수 있다.

이것은 비즈니스 사고법에서 가장 중요시 여기는 것 가운데 하나다. 지금까지 모아온 정보를 분석하고 통합함으로써 발견하는 새로운 것, 바로 '가설'이다.

가령 새로운 매출할당량이 주어졌다고 치자. 어떻게 하면 그 할당량을 달성할 수 있을까에 대해 가설을 세울 때는 반드시 숫자를 이용해야 한다.

타깃 시장을 MECE로 분해해서 숫자로 분석하는 것이다. 현재 어느 시장을 놓치고 있는가? 자사와 경쟁사의 매출액을 비교했을 때 어느 시장에서 가장 우위를 점하고 있는가? 각 시장을 공략하기 위해 필요한 자원은 무엇이며, 그 자원을 숫자로 표현했을 때 어디가 과잉투자이며 어디가 과소투자인가?

이렇게 숫자로 분석하고 나서 전략이라는 가설을 세워야 한다.

가설을 세울 때 포인트는 반드시 몇 가지 가설을 세우고 상호 비교하는 것이다.

A라는 가설, B라는 가설, C라는 가설을 세우고 각각 시험해보자. 이 중에서 가장 확실할 것 같은 가설부터 먼저 분석하는 것이 순서다.

예를 들어 대리점 영업을 강화하기 위해 다음과 같은 3가지 가설을 세웠다고 하자.

- 가설 A : 제품이 좋지 않으므로, 품질을 개선하고 상품설명을 잘하면 대리점 주문이 증가할 것이다.
- 가설 B : 숫자를 분석해보니 대리점 관리에 할애하는 시간이 부족하므로, 매장 방문횟수를 늘리고 친절하게 설명하면 주문량이 늘어날 것이다.
- 가설 C : 대리점에 제품에 대해 설명하는 시간은 충분하지만 방문하는 대리점 수 자체가 많지 않기 때문에 매출액이 늘지 않는 것이다.

어느 가설을 적용하면 좋을까? 가장 확실한 방법은 날마다 다른 가설을 적용해 실제로 실행에 옮기고 그 결과를 비교해보는 것이다.

즉 A의 '품질 가설', B의 '방문시간 가설', C의 '대리점 범위 가설' 중에서 어느 것이 가장 옳은지를 다시 숫자를 가지고 비교분석하는 것이다.

먼저 B 가설을 입증하기 위해 방문시간을 두 배로 했을 때 매출이 어느 정도 올랐는지 살펴보자. 이는 감수성분석을 통해 알 수 있다. 만약 매출액에 전혀 변화가 없다면 이 가설은 틀린 것이며, 매출이 급격히 상승했다면 맞는 것이라고 할 수 있다.

그런데 A, B, C 가설 모두 효과가 있다! 그렇다면 이제 어떻게 해야 할까?

이럴 때는 어느 것이 가장 짧은 시간에 실현 가능한 가설인지를 따져보자. 물론 여기서도 숫자를 써야 할 것이다.

업무에 필요한 전체 시간을 계산하고 투자 대비 효과가 가장 좋은, 즉 인건비에 대해 가장 효율적인 가설을 분석하고 선정해 거기에 자신의 자원을 투입해야 한다.

이런 검증절차를 숫자로 나타내지 않고 아무 생각 없이 하게 되면 한 번의 우연적 행위로 분석이 끝나버리기 때문에 다음 행동을 취할 수 없게 되고 만다. 그러나 가설을 가지고 숫자로 파악해나가면 새로운 분석을 계속 해나갈 수 있다.

요령이 좋은 사람은 어떤 일을 할 때든 숫자로 나타내지만, 그렇지 않은 사람은 아무 생각 없이 일하는 법이다.

단, 잊지 말아야 할 것이 있다. 숫자 또한 어디까지나 상대방 및 자기 자신과의 커뮤니케이션을 위한 것이라는 사실이다. 상대방에게 내용을 전달하기에는 일반적으로 숫자보다 시각정보가 더 이해하기 쉽기 때문에 반드시 숫자만을 고집할 필요는 없다. 필요에 따라 숫자를 영상이나 언어와 통합해 효과적으로 전달하고, 나아가 자신의 지식과 지혜, 사고방식을 잘 표현하기를, 그리고 숫자를 잘 조합해 가설을 세우고 미래를 예측해보길 바란다.

④ 숫자로 설명하라

다른 사람에게 설명할 때 숫자를 얼마만큼 적절하게 써서 상대방이 이미지화하기 쉽도록 만드는가 하는 것이 숫자사고력의 마지막 요점이다.

다른 사람들의 공감을 얻고 이성과 감성을 움직이고자 할 때 숫자가 얼마나 유용한지는 지금까지 누차 설명했다. 그렇다면 과연 수많은 숫자 가운데 어떤 숫자로 어떻게 설명해야 할까? 사실 이것도 매일 훈련하는 수밖에 없다.

자신에게는 매우 중요한 숫자이지만 상대방에게는 그것이 별로 중요하지 않을 수도 있다. 앞서 예로 들었던 대리점 매출을 늘리는 방안에 대해 다시 생각해보자. 본사 영업사원에게는 매출액이 얼마고 고객단가가 얼마며 이익률이 얼마인지가 매우 중요하지만, 이런 모든 판매단가는 대리점 입장에서는 단지 '매입원가'에 지나지 않는다.

대리점 측에서 중시하는 것은 자신의 고객이 그 매입원가에 대해 얼마나 많은 이익을 남겨주는가 하는 것이다. 그것에 대해 설명하지 않는 한, 대리점에 수많은 숫자를 들먹여가며 아무리 설명해도 전혀 소용없다. 물론 영리한 영업사원이라면 다른 숫자는 모두 무시하고 희망소매가와 대리점 매입가를 중점적으로 부각해 대리점 이익률을 강조할 것이다.

그리고 숫자를 써서 설득한답시고 숫자를 줄줄 나열하기만 하는 것도 곤란하다. 숫자를 써서 다른 사람에게 설명하는 것은, 숫자 자체를 '설명'하는 것이 아니라 숫자의 결과를 이미지화할 수 있도록 상대방을 '설득'하는 것이다.

나는 컨설턴트로 일하면서, 상대방이 30초 이내에 이해할 수 있게끔 설명하는 훈련을 통해 '어느 숫자를 썼을 때 어떤 효과가 나타나는가' 하는 것을 알 수 있었다.

깊이 생각하지 않고도 30초면 누구나 알 수 있을 만한 자료를 만들기 위해서는 숫자만 써서는 안 된다. 그 숫자를 시각화한 그래프를 넣거나, 효과를 강조하기 위해 고객들의 기뻐하는 사진 같은 것을 조합할 필요가 있다. 입으로만 말한 숫자는 한 귀로 듣고 한 귀로 흘려버리게 마련이다.

이처럼 숫자사고력에서는 '어떤 숫자를 써서 무엇을 호소하면 상대방의 마음에 가장 와 닿을까' 하는 것을 관찰해가면서 숫자를 다루는 것이 중요하다.

그렇다면 숫자를 써서 설명할 때 어떻게 상대방의 감성에 호소하면 좋을까?

일상적인 대화를 할 때, 되도록 숫자를 포함해서 말해 상대방을 감응시키는 훈련부터 해보자. 거래처와 식사를 하거나 동료와 잠시 잡담을 나눌 때도 마찬가지다. 만약 금리에 대한 얘기를 한다면 '72'라는 숫자를 외워두면 아주 편리하다. 복리계산으로 몇 년이면 원금이 두 배가 되는지, 72를 금리로 나누면 알 수 있다. 예를 들어 금리가 7%일 때 72를 7로 나누면 약 10년이 되므로 원금이 두 배가 되려면 10년이 걸린다는 뜻이다.

반대로 적용하면 물가상승률에 대한 돈의 가치를 계산할 수도 있다. 예를 들어 물가상승률이 3%인 경우 24년 후에는 1만 엔이 현재의 5,000엔의 가치가 있다고 예상할 수 있다(72/3=24). 이런 식으로 그때그때 상황에 맞게 쓸 수 있을 것이다.

평소에 상황에 따라 임기응변으로 재치 있게 대화를 나누다 보면 상대방의 질문에 대해 절묘하게 숫자를 섞어가며 응수할 수 있게 되는데, 이것도 비즈니스 사고에 꼭 필요한 능력이다.

이때 통계를 사용하면 설득력을 더할 수 있다. '통계상 100명 중 몇 명의 손님에게 이러이러한 성과가 있었다, 이 데이터에 따르면 이 상품에 대한 매출 공헌도는 전체의 몇 퍼센트이며, 몇 퍼센트 증가했다' 등 자세한 수치를 밝히는 것이다. 그리고 그에 덧붙여 결과에 대한 요인을 분석해 그 요인의 공헌도까지 말한다면 상대방의 관심은 싫든 좋든 높아질 수밖에 없다.

회사에서도 마찬가지다. 새로운 시스템이나 기계를 도입하고 싶거나 새로운 사업을 시작하고 싶을 때 지금까지의 자사 통계와 타사의 사례를 모아 분석해보면 얼마나 비용을 절감해야 매출중가로 이어지는지 잘 설명할 수 있을 것이다.

여기서 숫자사고력의 역할에 대해 한 번 더 정리해보자.

숫자사고력이란 이성과 감성을 이어주는 것이다. 숫자는 언뜻 차갑게 느낄 수도 있지만, 실제로는 상대방의 감성에 직접적으로 호소하기 위해서도 숫자라는 수단을 활용하는 것이 좋다.

우리는 매출이 오르는 기업은 신용할 수 있다. 실적이 있는 프로젝트 매니저라면 신뢰할 수 있다.

즉 숫자란 객관성과 신뢰성을 무기로 상대방의 감성에 신용으로 호소하는 것이다. 그러니 부디 숫자를 아군으로 삼기 바란다.

CHAPTER 7

세렌디피티
우연 또한 능력이다

평가

지적체력

세렌디피티

통 합

언어능력

숫자사고력

시각화능력

분 석

수평사고력

논리사고력

응 용

이 해

지 식

S E R E N D I P I T Y

1

적극적으로 발견하는 능력, 세렌디피티

지금까지 비즈니스 사고력 중 논리사고력·수평사고력·시각화능력·숫자사고력에 대해 살펴보았다. 이 능력들은 모두 1장에서 말했듯이 '6단계 사고'라는 상위 프레임워크의 구성요소이기도 하다.

앞서 말했듯이, 사고란 지식·이해·응용·분석·통합·평가의 6단계가 조합된 것이다. 단, '지식·이해·응용' 단계까지는 학교교육을 통해 상당 부분 훈련을 했으므로 이 책에서는 다루지 않고, 보다 상위 개념인 '분석·통합·평가'에 요구되는 비즈니스사고력을 중점적으로 설명했다.

먼저 '분석'을 위한 사고력으로 논리사고력과 수평사고력을, 분석한 것을 '통합'하는 단계에서는 시각화능력과 숫자사고력을 설명하고, 각각의 능력에 대해 그 기본 테크닉과 실천방법을 제시했다.

이제 마지막으로 '평가' 단계가 남았다. 평가는 사고와 실행을 이어주는 가장 중요한 단계다. 왜냐하면 평가는 지금까지 설명한 각각의 사고법을 모두 통합해 체감하는 단계이기 때문이다.

알기 쉽게 말해 평가는 평소 우리가 몸과 마음과 머리를 쓰면서 '아, 이건 내게 유용하겠다', '이건 다른 사람들에게도 알려줘야겠다', '내 인생에서 꼭 활용해야겠다' 하고 '알아차리는' 프로세스다. 이런 판단이 서야 지금까지 우리가 떠올리고 커뮤니케이션한 아이디어를 현실화할 수 있다.

그러기 위한 능력으로 지금부터 설명하려는 것은 다름 아닌 '세렌디피티(serendipity)'다. 세렌디피티는 다른 사람보다 우수한 퍼포먼스를 발휘하기 위한 열쇠가 된다.

영어사전에서 'Serendipity'를 찾아보면, '우연히 뜻하지 않은 것을 잘 발견해내는 능력' 등으로 설명하고 있다. 이것은 원래 〈세렌딥의 세 왕자〉라는 동화에서 유래된 말로, 영국의 호레스 월폴(Horace Walpole)이라는 작가가 1754년에 썼던 아주 오래된 단어다.

예를 들어 어떤 가게를 찾아다녔는데 결국 그 가게는 찾지 못

212

했지만 대신 거기에서 더 좋은 가게를 발견할 수 있었다거나, 전혀 다른 목적으로 참석한 모임에서 자신이 찾던 정보를 발견하는 등 뜻하지 않은 것을 우연히 손에 넣는 능력을 말한다.

'흠… 말은 거창하지만, 결국 운이 좋다는 것 아냐?' 하고 대수롭지 않게 넘길 일이 아니다. 세렌디피티는 '행운'으로만 치부할 수 없는, 엄연한 '사고능력'이기 때문이다.

과학의 위대한 발견에는 이 세렌디피티가 존재했다고 여겨지는 사례가 매우 많다. 세렌디피티의 사례로 가장 유명한 것은 카오스이론의 발견이다. 1961년에 기상학자인 에드워드 로렌츠(Edward Lorenz)는 우연히 초기조건의 아주 작은 차이가 상상도 못할 만큼 다른 결과를 낳는 현상을 발견했다.

어느 날 로렌츠는 기상데이터를 입력할 때 시간을 절약하기 위해 프린트를 하는 쪽과 하지 않는 쪽의 조건을 0.506과 0.506127로 소수점 이하의 자릿수만 조금 달리해 입력했다. 그런데 그 후의 계산결과에서 놀랄 정도로 다른 결과가 나타났다. 말하자면 매우 작은 차이가 증폭되어 결과를 크게 바꾸었다는 것이다. 이를 계기로 경제나 환율 같은 미래의 일은 예측할 수 없다는 이론을 우연히 발견할 수 있었다.

또 다른 예로, 플레밍(Alexander Fleming)이 페니실린을 발견한 것도 세균 배양기의 뚜껑을 잘 덮어두지 않은 '칠칠치 못한' 행동 때문이었다. 우연히 배양기에 날아든 푸른곰팡이 포자가 번식하면서 세균을 죽인 것을 관찰한 플레밍은 푸른곰팡이 성분에 '페니실린'이라는 이름을 붙였다.

그렇다면 비즈니스 사고에서는 세렌디피티가 어떤 의미가 있을까?

몇 번이나 강조했듯이 우리는 비즈니스에서 항상 한정된 정보로 판단하지 않으면 안 된다. 이 세상에서 손에 넣을 수 있는 최적의 정보를 모두 입수할 수는 없는 노릇이다.

그렇다면 손에 넣은 것들 중에서 자신에게 도움이 되는 것은 무엇인지, 그것으로 성과를 만들어낼 수 있는 것은 무엇인지를 항상 생각해야 할 것이다. 그리고 우연히 생긴 예기치 않은 일들과 주변에서 일어나는 모든 일들, 그리고 손에 넣은 정보를 얼마나 자신에게 유리하게 만들 수 있는가를 깊이 생각해야 한다.

이런 것을 깊이 생각하는 것이 바로 세렌디피티다. 즉 언제든 예기치 않은 일은 일어나게 마련이므로, 그것을 피하지 않고 최대한 활용하는 능력이다.

언제나 모든 상황이 자신에게 이상적일 수는 없기 때문에 지금 처한 현실에서 최선을 다하자는 것이다.

나는 스스로도 운이 매우 좋다고 생각한다. 그리고 그 운은 지금까지 길러온 세렌디피티가 만들어준 것이라 생각하고 있다.

나아가 세렌디피티의 테크닉을 익히면 누구나 나처럼 운 좋은 사람이 될 수 있다고 확신한다.

세렌디피티를 길러주는 5가지 사고방식

그러면 이 세렌디피티를 기르려면 어떻게 해야 할까?

여기서는 세렌디피티에 도움이 되는 5가지 사고방식을 소개하고자 한다.

첫째, 호기심을 발휘하자. 항상 기회를 포착하고 '여기서 어떤 것을 새로이 배울 수 있을까?' 하고 두근거리는 마음으로 주변을, 기회를 모색하는 것이다.

둘째, 지속성을 갖자. 요즘에는 이직률도 높고, 새로운 일을 시작해놓고 도중에 그만둬버리는 사람이 태반이다. 특히 젊은 층이 더욱 그런 것 같다. 경쟁이 심해지다 보니 빨리 성과가 나오지 않으면 불안해서 그러는 것이다. 하지만 의외의 발견을 하려면 '지금도 잘하고 있어', '하나라도 성과가 남으면 되지' 하고 느긋한 척 기죽지 않고 계속하는 것이 중요하다.

셋째, 낙관성을 갖자. 우리는 으레 조금만 어려운 일이 닥치면 '나는 그런 일 못해, 내게는 무리야' 하고 생각하기 쉽다. 그러나 실제로 해낸 사람이 있고, 할 수 있는 가능성이 조금이라도 있다면 해낼 수 있다고 믿어야 한다. 그러고서 그것을 실현하려면 어떻게 해야 할지 곰곰이 생각해야 할 것이다. '저 사람은 특별하니까 되는 거야' 하고 생각하면 발전이 없다.

넷째, 유연성을 갖자. 운이 좋은 사람들은 의외로 자주 언행을 바꾼다. '전에는 이렇게 말하더니, 지금은 반대로 말하지 않느냐'고 비난받을 법하지만, 어떻게 보면 이런 말 바꾸기는 당연한 것이다. 어제 말했던 것에 대한 새로운 자료를 오늘 입수했다면 그에 따라 개념, 태도, 행동이 변했다고 해도 어쩔 수 없다. 일관성을 지키기 위해 틀린 줄 알면서도 괜히 고집을 부리는 게 더 어리석다. 항상 유연성을 갖도록 하자.

마지막 다섯째는 리스크테이킹(risk taking), 즉 과감하게 도전하는 것이다. 결과가 불확실하다고 해서 도전을 포기한다면, 자칫 도전하지 않은 것 자체가 실패로 이어질 수도 있다.

리스크를 감수하고서라도 행동에 옮기면 그 행동이 다음 도전을 위한 학습이 된다. 그렇게 행동하면서 얻은 교훈이 쌓일수록 우리는 현명해진다. 만일 실패하더라도 다음에 같은 리스크를 감수했을 때 성공할 확률이 더 높아질 것이다. 아울러 어떤 것이 감수해야 할 리스크이고 어떤 것이 감수해선 안 될 리스크인지 구별하는 지혜도 생길 것이다. 그러므로 세렌디피티를 살리기 위해서라도 망설여질 때는 리스크를 감수하는 쪽으로 의연하게 생각해야 한다. 그러면 모든 일이 적어도 당신 예상보다는 훨씬 잘 풀려나갈 것이다.

곤경에 처했을 때가 바로 기회!

이렇게 우연히 일어난 일들을 활용하는 힘, 즉 세렌디피티가 뛰어난 사람은 지금까지 내가 설명한 모든 비즈니스 사고법을 자기 것으로 만들어 새로운 일에 적극적으로 활용할 수 있다.

설령 고난이 닥쳐왔을 때도 마찬가지다. 세렌디피티가 체화돼 있는 사람은 곤경에 빠졌을 때도 '이참에 이렇게 해보면 어떨까?' 하고 새로운 실험을 해본다. 그것이 곧 우연한 발견, 세렌디피티가 아니고 무엇이겠는가!

이런 관점에서 나는 '나에게 일어난 일들은 모두 내게 옳은 일이다'라는 말을 신조로 삼고 있다. 지금 일어난 일을 중심으로 앞날을 설계하자는 뜻이다.

이 책의 초고를 탈고한 것은 2008년 5월의 골든위크 무렵이다. 그런데 이 즈음 내게 한 가지 문제가 생겼다. 어느 날 잠에서 깨어보니 왼손을 잘 움직일 수 없었다. 팔을 잘못 깔고 자서 그렇게 된 것인데, 사실 그것은 그저 단순한 계기였을 뿐이고 그 전에도 왼손은 종종 말썽을 부리곤 했다.

왼손의 통증은 3일 정도 계속되었고, 의사는 당분간 손을 움직이지 말고 안정을 취하라고 말했다. 그러나 원고 마감은 불과 일주일밖에 안 남았다. 이런, 어떻게 해야 하지?

어떻게든 원고는 써야 했던 나는, 그때까지 별로 사용하지 않앉던 컴퓨터의 음성입력 기능을 한번 활용해보기로 했다.

그동안 나는 방대한 양의 문서를 모두 키보드로 입력했다. 그러다 보니 결과적으로 다른 사람보다 더 손목을 혹사시키게 되고 손에 트러블이 자주 생겼다.

만약 일시적으로 안정을 취한다고 해도 또 손을 혹사시키면 바로 손목이 아파올 것이다. 그것을 방지하기 위해서라도 새로운 방법을 고안해야겠다고 생각한 결과, 음성입력이라는 대안을 떠올렸다. 사실 그 전에도 음성인식 프로그램을 사용해볼까 생각은 했지만, 번번이 뒤로 미루다가 손목 통증을 계기로 본격적으로 도전하게 된 것이다.

그 결과 원고를 제때 마감하게 된 것은 물론이요, 전혀 생각지 못했던 일하는 방식까지 알게 되었다. 그 전에는 키보드 입력속도가 생각의 속도를 따라가지 못해 병목현상처럼 입력이 정체되곤 했다. 그런데 음성으로 입력하다 보니 머릿속에 떠오르는 단어를 그대로 문장으로 표현할 수 있어서, 결과적으로 생각의 폭이 키보드 입력에 얽매이지 않고 자유자재로 넓어질 수 있었다.

그리고 이메일에 답장하거나 원고를 집필할 때도 '다음에는 어떤 방식으로 써볼까', '다음에는 음성입력 도중에 어떤 새로운 아이디어가 떠오를까' 등 새로운 생각에 대한 기대감이 마구 생기게 되었다.

이처럼 새로운 일에 도전하는 힘은 매우 곤란한 처지에 놓였을 때 정면으로 맞서면서 생겨나는 것이 아닐까 한다. 그러므로 만약 비즈니스를 하면서 어떤 새로운 일을 시도해야 할 때, 책임량을 완수해야 할 때, 신상품을 개발해야 할 때, 새로운 채널을 개척해야 할 때 심한 압박을 받았다면 너무 고통스러워하지 말고, 그럴 때야말로 '찬스'라고 생각하기 바란다.

　그러면 이제부터 이 세렌디피티를 어떻게 하면 익힐 수 있는지에 대해 3가지 기본 테크닉과 4가지 실천방법으로 설명하겠다.

2

세렌디피티의 3가지 기본 테크닉

① 우연한 기회를 살린다

3가지 기본 테크닉의 첫 번째는 우연한 기회를 살리는 것이다.

우연한 기회는 우리 주변 곳곳에서 찾아온다. 매일 아침 일어나 밥을 먹고, 옷을 입고, 전철역으로 가고, 출근하고, 일하고 다시 집으로 돌아오는 이런 사소한 일상 속에 기회가 있다는 뜻이다.

하다못해 전철역으로 가는 길에 옆집 개를 보고 어떤 것을 알아차리게 될 수도 있고, 나무가 우거지는 방식이나 새로운 상점을 발견하고는 생각하고 있던 아이디어에 결부시킬 수도 있다.

어쨌든 모든 일은 우연히 생긴다. 세렌디피티의 대단한 점은 정말 엉뚱한 곳에서 새로운 정보를 얻고, 그 정보로 생각지도 못했던 것을 발견할 수 있다는 점이다.

내가 막 컨설턴트 일을 시작했을 무렵, 선배로부터 이런 말을 들었다. "처음 1~2년은 업무를 가리지 않는 게 좋아. 일단 맡겨진 일은 싫다고 하지 말고 무조건 해내라고."

컨설턴트들은 프로젝트를 할당제로 맡기 때문에 여러 가지 프로젝트를 하게 되는데, 처음부터 일을 골라서 하려고 들면 어떻게 해서든 자신 있는 프로젝트나 잘하는 분야만 하게 되기 때문이다.

반면 정말 자신 없는 분야나 전혀 관계없는 분야의 일을 맡게 되더라도, 세렌디피티를 발휘하면 자신의 새로운 강점을 알 수 있다. 우선 자신이 어떤 것에 뛰어나고 취약한지 명확히 알게 되고, 거기서 새로운 능력을 발견하고 다시 새로운 지식을 얻을 수 있다.

말하자면 우연한 기회를 어떻게 살리느냐가 관건이라는 뜻이다. 그러기 위해서는 기회가 오면 주저 없이 언제든지 받아들일 수 있도록 평소에 준비할 필요가 있다.

어떤 의미로든 기회는 무수히 많다. 그 무수한 기회를 알아채는 사람과 알아채지 못하는 사람이 있을 뿐이다.

그러면 어떻게 기회를 알아차릴 수 있을까?

관심 있는 분야에 안테나를 세우는 것도 중요하지만, 단순히 안테나를 세워두는 것만으로는 부족하다. 그보다는 지금까지 배운 논리사고력·수평사고력·숫자사고력·시각화능력 등 모든 능력을 얼마나 몸에 익히느냐가 중요하다. 그래야만 비로소 우연한 만남을 기회로 바꿀 수 있다.

안테나를 아무리 뽑아들고 있어도 지식도 없고 문제의식도 없다면 우연히 기회가 찾아와도 전혀 도움이 안 된다. 기회가 찾아오는 빈도도 낮을뿐더러 혹시 오더라도 알아채지 못하고 흘려보낼 것이 뻔하다.

즉 우연한 기회란 준비를 충분히 하고 있어야만 찾아오며, 그래야만이 준비한 것들에서 우연히 '아, 그런 것이구나' 하고 답을 얻을 수 있다.

예를 들어 어떤 정보를 얻었을 때 '아, 이거 어쩌면 저것과 연관이 있지 않을까?' 하고 생각하는 것과 같다. 여기서 중요한 것은 '연결 짓는 것'이다.

우리가 일상생활 속에서 얻을 수 있는 정보와 경험, 사고의 재료, 단서는 아무래도 한정돼 있기 때문에 그 한정된 정보를 조합해 새로운 것을 생각해야 한다. 이때 자신이 의식적으로 모은 것뿐 아니라, 우연히 만난 사람에게 들은 짤막한 이야기나 어쩌다 손에 넣은 정보 중에서 발견한 것들이 모두 재료가 될 수 있다.

조금 극단적으로 말하면 아이디어를 생각할 때는 먼저 대형 백과사전을 준비하고 아무 페이지나 펴보는 것도 방법이다. 그 페이지에 있는 내용을 지금 생각하고 있는 과제와 어떻게든 연관 지을 수는 없을까 생각해보는 것이다.

예를 들어 새로운 책의 아이디어를 짜내느라 골머리를 앓고 있을 때 문득 펼쳐본 곳에 식이요법에 대한 내용이 나왔다고 치자. 비록 식이요법에 관한 책을 쓸 것은 아니지만, 그래도 자신이 생각하고 있는 것이 식이요법과 어떤 연관이 있을지를 생각해보는 것이다.

다음으로 열어본 페이지에는 전혀 관심도 없던 나라의 이름, 예를 들어 카자흐스탄 같은 나라가 있었다고 치자. 그러면 이번에는 카자흐스탄과 새로운 아이디어의 연관성을 생각해봐야 한다.

아마도 식이요법이나 카자흐스탄이 책에 직접적으로 쓰일 일은 없을 것이다. 그러나 이 과정은 머릿속의 시냅스를 다른 분야를 향해 뻗을 수 있게 해주는 단계라는 점에서 매우 중요하다.

그렇다고 항상 눈에 불을 켜고 우연한 기회를 찾으려고 신경을 곤두세울 필요는 없다. 그 대신 무언가 새로운 정보를 얻거나 새로운 사람과 알게 되었을 때, 새로운 것이 눈에 띄었을 때, 낯선 소리를 들었을 때, 새로운 감각을 익혔을 때… 어떤 새로운 일이 일어나거나 또는 새로운 것이 눈에 들어오면 '이것은 지금 생각하고 있는 것과 어떤 연관이 있지는 않을까? 이것은 이런 것과 관계있지는 않을까?' 하고 생각하자.

이렇게 평소에 우연히 만나는 기회를 발견하는 흐름을 만들어두면 효과적으로 세렌디피티를 익힐 수 있을 것이다.

② 정보 간의 연관성을 찾는다

앞에서는 새로운 것을 발견하면 항상 지금 생각하고 있는 것과 어떤 연관이 있는지 생각해보라고 했다.

그러나 그것이 비교적 잘되는 사람이 있는가 하면 그렇지 않은 사람도 있을 것이다. 그 차이는 어디에서 오는 것일까? 그리고 자신이 얻은 정보에서 연관성을 찾으려면 어떻게 해야 할까? 생각하고 있던 것과의 연관성, 즉 번뜩이는 아이디어는 어디에서 오는 것일까?

번뜩이는 아이디어는 단기기억 또는 외부로부터의 자극이 장기기억에 작용해 생기는 것이라고 한다.

우리 뇌의 기억구조는 간단하게 말하면 단기기억과 장기기억으로 나뉘어져 있으며, 각각 기억을 수납하는 장소도 다르다. 단기기억은 말하자면 일시적인 메모리 같은 것이므로 용량이 크지 않다. 그렇게 일시적으로 저장한 정보 가운데 자주 쓰는 것 또는 뇌리에 정착한 것들만 추려서 장기기억이 된다.

장기기억은 이를테면 거대한 용량의 하드디스크로, 자꾸자꾸 용량을 키운다. 그래서 어떤 새로운 정보가 들어왔을 때 머릿속에서 '아, 이것은 저 장기기억과 관계있는데', '이 장기기억의 이 개념과 일치하는구나' 하고 떠오르는 것이다.

앞서 시각화능력에서 마인드맵을 소개한 바 있다. 마인드맵은 주제가 있고, 소주제가 있고, 그 소주제에 하위 소주제가 또 붙는 식으로 마치 나무가 가지를 뻗어가듯이 크게 지도를 전개해 나간다.

우리의 머릿속에도 수많은 마인드맵이 있다. 그래서 어떤 외적자극, 즉 세렌디피티에 의해 하나의 마인드맵과 또 다른 마인드맵이 연결되면서 새로운 해법을 이끌어낼 수 있다. 이것이 세렌디피티의 역할이다.

③ 실패와 비판을 순순히 받아들인다

세렌디피티를 높이기 위한 세 번째 테크닉은 실패와 비판을 순순히 기회로 받아들이고 다음번의 개선책으로 이어지도록 하는 것이다.

일이 뜻대로 되든 되지 않든, 일을 하다 보면 자신이 생각하던 것과 전혀 다른 각도에서 비판이 날아들 때도 종종 있다. 그럴 때는 자신이 옳고 사람들이 잘못되었다고 무시하지 말고, 지금 자신에게 부족한 정보가 무엇이며 그것은 어디에 있는지 간파하는 능력을 기를 수 있는 기회라고 생각해야 한다.

무엇이든 새로운 일을 시도하면 꼭 비판이 따른다. 이럴 때 기죽지 않고 계속 해나가는 것도 중요하지만, 비판 속에서 흡수할 만한 가치가 있는 것은 흡수하고 다음 행동으로 넘어가는 성숙함도 필요하다.

그것도 어떤 의미로는 세렌디피티다. 아니, 일이 잘 풀리지 않을 때야말로 세렌디피티를 멋지게 살려낼 수 있는 진정한 기회다.

내가 한 일에 대해 사람들이 무조건 '정말 최고!'라며 추어주면 내게는 세렌디피티가 되지 않는다. 그보다는 더 좋은 시각이 있지 않겠느냐는 새로운 의견과 정보를 접하는 쪽이 훨씬 낫다. 그런 과정을 통해 다시 새로운 지식, 아이디어, 전개과정이 생겨나고, 그 새로운 정보를 받아들여 다음 행동을 취할 수 있기 때문이다.

결국 세렌디피티 이론이란 말하자면 경험 속에서 새로운 것을 만들어내면 그 속에 새로운 만남이 있고, 그 새로운 만남 속에서 또다시 새로운 것을 만들어내는 사이클을 반복하는 것이다. 사고방식은 그런 과정을 통해 진화해간다.

IT 분야에서는 눈앞의 목적달성에만 얽매이는 것을 '터널 솔루션'이라고 한다. IT 운용이 어렵고 진부해지기 쉬운 것도 인간과 달리 한번 시스템을 구축하면 좀처럼 개선하기 힘들기 때문이다.

비단 IT뿐 아니라 다른 모든 영역에서도 문제를 해결하겠다는 생각에 너무 일방통행으로 달리기만 하면, 그 방향이 틀렸을 때나 벽에 부딪혔을 때 쉽게 체념해버리게 된다.

그러나 평소 세렌디피티를 의식하고 있으면 어떤 일을 달성하기 위한 프로세스를 세울 때 옆길로 빠지더라도 전혀 상관없어 보이는 상황에서 자신이 가야 할 길과의 연관성을 찾아보게 될 것이다. 그리고 '혹시 이렇게 접근해도 되지 않을까' 하고 일부러 샛길을 찾아보는 습관도 생길 것이다.

우연이란 멋진 것이다. 우연은 자연이 우리 인생에 주는 기회다. 모든 일에 걸쳐 우연한 기회가 3개든 4개든 쌓이다 보면 하나의 필연이 된다. 중요한 것은 이 필연적 기회로 이어지는 우연한 기회를 얼마나 놓치지 않는가 하는 것이다. 그것이 바로 세렌디피티가 아닐까.

만약 자신에게 불리하거나 불행한 일이 생겨도 역발상을 통해 그것을 행운의 힘으로 활용하면 한 단계 높이 올라갈 수 있을 것이다. 이것이야말로 지금까지 우리가 배운 비즈니스 사고력을 통합하고 나서 마지막으로 필요한 능력이다.

3

세렌디피티를 익히기 위한 4가지 실천방법

세렌디피티란 우연한 기회를 놓치지 않고 새로운 것으로 이어지도록 하는 힘이다. 그러면 어떻게 하면 그것을 잘 익힐 수 있을까? 이제 세렌디피티를 익히기 위한 4가지 실천방법을 살펴보자.

① 좋은 청크를 모아라

세렌디피티를 익히기 위한 첫 번째 실천방법은 항상 좋은 '청크(chunk)'를 모으는 것이다.

'청크'라는 단어가 다소 생소할지도 모르겠다. 청크란 '지식과 개념 또는 그보다 한 단계 전에 있는 재료들의 덩어리'라고 생각하면 좋을 것이다. 즉 재미있는 아이디어, 이야기, 지식, 프

228   CHAPTER 7

레임워크 같은 것들을 항상 많이 모아두어야 한다는 뜻이다.

왜 이것들을 모아야 하는가? 세렌디피티, 또는 우연성이 아무리 중요하다고 강조해도 사실 우리는 자신의 관심분야나 지식과 동떨어진 일은 잘 알아차리지 못하기 때문이다. 반면 평소 관심 있는 분야와 가까이 있다면 조금 생소한 것이라도 빨리 알아챌 수 있다. 그러므로 우연한 기회를 살리기 위해서는 이런저런 아이디어나 지식 또는 만남에서 오는 여러 기회를 마음속, 머릿속, 몸속에 확실히 비축해두어야 한다.

그리고 그것들을 세렌디피티의 초석으로 삼아야 한다. 초석이 많으면 많을수록 좋은 기회는 눈덩이처럼 불어날 것이다.

보다 좋은 지식, 보다 좋은 아이디어, 보다 좋은 개념, 보다 좋은 이야기, 보다 좋은 마음가짐, 보다 좋은 능력… 세렌디피티가 될 수 있을 법한 모든 것들을 항상 자신 안에 모아두도록 하자.

이렇게 자기 자신이 한층 더 좋은 사람이 되고, 아름다워지고, 관심분야의 폭도 넓어지고, 머리도 맑아지면 여러 가지 새로운 것들이 찾아왔을 때 그것이 '기회'라는 것을 금세 알아차릴 수 있게 될 것이다.

② 항상 관찰하라

두 번째 실천방법은 주위에서 일어나는 일들을 항상 관찰하는 것이다.

나는 이것을 '자기 미디어'라 일컫는데, 스스로 얼마나 주변을 관찰하고 새로운 것을 알아차리는 계기를 만들 수 있는가가 관건이다. 이 능력을 키우려면 자발적으로 다양한 장소에 꾸준히 가보는 것이 좋다.

여러 가지 새로운 것들을 시도해보라고 말하는 이유도 다르지 않다. 인간은 같은 장소에서 같은 것만 보면 싫증을 느낀다. 싫증이 나면 그런 자극에 대한 감각이 둔해져 그만큼 안이하게 생각하게 된다. 결과적으로 관찰력도 무뎌지고 세렌디피티 능력도 없어져 새로운 것에 도전하는 힘도 사라져버린다.

그러므로 새로운 것은 없는지, 두근두근 설레는 일은 없는지 항상 주변을 관찰해야 한다. 다른 사람과 만날 때도, 새로운 장소에 갔을 때도, 새로운 책을 읽을 때도, 새로운 것을 먹을 때도, 새로운 것을 손에 넣었을 때도 구석구석 관찰하는 것이다.

예를 들어 어떤 새로운 기기를 손에 넣었다고 하자. 그러면 그 기계의 디자인과 색은 어떤지, 로고는 어떤지, 상자 안에는 무엇이 들어 있고 설명서에는 어떤 사항이 씌어 있는지, 이 기계를 통해 어떤 새로운 활동을 할 수 있는지 구석구석 관찰하고 정보를 얻는 것이다.

그렇게 하면 생각지도 못한 기능을 찾아내 아주 유용하게 쓸 수 있다. 또는 그 제품의 설명서에 있는 문구에서 전혀 다른 비즈니스 모델을 발견해 지금 맡고 있는 업무에 적용할 수도 있다.

이런 일들이 우연히 일어난다니, 얼마나 근사한가! 이처럼 항상 관찰을 하면 좋은 만남이 있다.

그러므로 일단 무조건 관찰해야 한다. 나는 답은 언제나 내 주변에 있다고 생각한다. 중요한 것은 그 답을 알아차리느냐 알아차리지 못하느냐. 그러므로 항상 무언가 알아차릴 수 있을 때까지 여러 가지 것들을 관찰해야 한다.

단, 관찰을 할 때 무리하게 눈을 희번덕거리기보다는, 힘을 빼고 체조 후에 느껴지는 편안한 기분으로 보는 것이 좋다.

③ 매력적인 사람들과 만나라

세렌디피티를 살리기 위한 세 번째 방법은 매력적인 사람들과 만나는 것이다.

친구로부터 소개를 받거나 세미나에 참석해도 된다. 아무래도 직접 만나기 힘들 것 같으면 그 사람의 책을 통해 간접적으로 만날 수도 있을 것이다. 어느 쪽이든 세렌디피티의 계기가 되고, 당신의 콘텐츠가 될 수 있다. 다른 사람과 이야기를 하면서 '아, 이렇게 생각할 수도 있구나', '이런 얘기가 있었구나' 하고 자신의 생각과 결부시킬 수 있기 때문이다.

매력적인 사람과 만나는 가장 좋은 방법은 당신 스스로가 매력적인 사람이 되는 것이다.

왜 내가 먼저 능력을 쌓아야 하는지, 왜 내가 매력적이어야 하는지 의문을 갖는 사람도 있을 것이다. 답은 간단하다. 자신이 매력적으로 될수록 다른 매력적인 사람들과 만날 수 있는 기회가 늘기 때문이다.

나는 사람들에게 기회 있을 때마다 블로그나 책을 쓸 것을 권유하는데, 그렇게 해서 자신을 드러내면 그것에 공감하는 사람들이 다가오기 때문이다. 물론 공감한다고 해서 꼭 그 사람의 감각이 나와 100% 똑같은 것은 아니다. 오히려 내가 몰랐던 것이나 스킬을 배우겠다는 마음으로 그들을 대함으로써, 세렌디피티의 형태로 새로운 세계를 넓히고 생각지 못한 곳에서 해답을 얻을 수 있다.

내가 블로그에서 알게 된 사람 중에 일본장기 기사(棋士)가 있다. 그 사람과 이야기하면서 하부 요시하루 명인 같은 기사들이 왜 일류인가에 대해 책으로는 알 수 없었던 새로운 지식을 얻을 수 있었다. 또한 그들이 노력하고 훈련하는 구조에 대해서도 견문을 넓힐 수 있었다.

매력적인 사람들과 만나면 여러 가지 것들을 우연하게 손에 넣을 수 있다. 그리고 그 우연이 또 다른 필연을 낳는 선순환을 거듭하게 될 것이다.

④ 항상 긍정적으로 바라보라

세렌디피티의 네 번째 실천방법은 항상 주위를 긍정적인 시각으로 보는 것이다.

물론 사실을 왜곡하면서까지 지나칠 정도로 긍정적으로 볼 필요는 없다. 여기서 강조하고 싶은 것은 어떤 일이 일어났을 때나 새로운 아이디어가 떠올랐을 때, 새로운 만남을 가졌을 때 항상 '이것이 내게 좋은 기회를 주지 않을까' 하고 적극적이고 발전적으로 받아들이는 자세를 기본으로 가지라는 것이다.

누군가를 만났을 때 그 사람이 자신을 이용하려고 접근한 것은 아닌지 의심하기 시작하면 끝이 없다. 마음에 드는 상품을 봤을 때도 혹여 자신이 상술에 속아 넘어가는 건 아닌가 하고 회의적인 생각을 하면 언제 그 상품을 써볼 수 있겠는가.

정보도 마찬가지다. 새로운 가설이 대두됐을 때 이것이 말도 안 되는 사이비 논리고 그 내용은 새빨간 거짓말이 아닐까 하고 선입견을 갖고 바라보면 좀처럼 앞으로 나아가지 못한다.

물론 무엇이든 비판적으로 바라보고 검증하는 자세는 중요하다. 정말로 상대방이 나를 생각해서 접근한 것인지, 자신의 잇속을 챙기기 위해 접근한 것인지는 면밀히 따져봐야 한다. 새로운 이론도 그것이 옳은지 엉터리인지 생각해야 한다.

그러나 나중에 엉터리라고 판명되더라도 그 전까지는 우선 믿어보고, 생각해보고, 시험해보자. 그리고 일단 그 상황을 있는 그대로 받아들이고 세렌디피티로 승화시키자.

그렇게 했는데도 일이 안 좋게 돌아간다 싶으면 그때는 긍정적인 생각을 버려도 좋다.

이 사고방식은 '죄수의 딜레마'라는 게임이론에서 나온 것이다. 두 죄수가 붙잡혔는데 증거가 충분치 않아 자백에 의존해야 하는 상황이다. 이때 두 죄수를 격리해 각각 심문하면 '둘 다 자백하기', '둘 다 입 다물기', '한쪽이 공범자의 범죄를 증언하고, 한쪽은 입 다물기'의 조합이 나올 것이다.

둘 다 입을 다물면 두 사람 모두 1년형을 받지만, 한쪽이 동료의 범죄를 증언하면 동료만 3년형을 받고 본인은 석방된다. 한편 모두 자백하면 둘 다 2년형을 선고받게 된다. 자, 당신이 죄수라면 자백하겠는가, 묵비권을 행사하겠는가?

가장 좋은 대안은 둘 다 서로를 믿고 묵비권을 행사해 1년형을 받는 것이다. 그러나 나만 침묵하고 상대방이 내 범죄를 증언해버리면 터무니없이 긴 징역을 살게 될 것이다.

합리적으로 생각할 때 자신의 리스크를 최소화하기 위해서는 증언하는 편이 낫겠지만, 만일 상대방이 증언하지 않는다면 동료를 배신하는 꼴이 되고 만다. 그리고 두 사람 다 자백하면 형기는 묵비권을 행사할 때보다 길어진다.

그런데 이렇게 죄수들이 한 번도 만나지 않는 경우는 그리 현실적이지 않다. 실제로는 몇 번이고 서로 만나고 심지어 건너 건너 만나면서 얽히고설키게 되지 않는가. 이때 필요한 모델이 두 죄수가 계속 만났을 때를 가정하는 '반복적 죄수의 딜레마 게임'이다. 그렇다면 계속 만나는 관계에서는 어떤 전략이 가장 효과적일까?

가장 효과적인 전략은 의외로 간단하다. '신뢰로 시작하고 상대를 따라 하면서 끝나는 프로그램'을 적용하면 된다. 이른바 티포탯(tit-for-tat) 전략이다.

처음에는 일단 상대방을 믿고 자백하지 않는다. 그런 다음 상대방도 똑같이 당신을 믿고 자백하지 않는다면 이대로 다음번에도 자백하지 않고 신뢰를 얻는 것이다.

그러나 상대방이 자백을 해버려 신용을 배반할 경우에는 당신도 가만있으면 안 된다. 단, 다음번에 상대방이 배신행위를 그만두고 당신을 믿을 때는 당신도 바로 신뢰의 포지션으로 돌아간다. 이렇게 상대방의 행동을 그대로 답습하는 것이다.

'반복적 죄수의 딜레마 게임'이 우리에게 시사하는 바는 무엇일까? 그것은 바로 인간관계에서는 기본적으로는 나를 신뢰해준 사람에게는 신뢰로 보답하고, 상대방의 전략을 잘 모를 때는 일단 신뢰로 시작하는 전략이 결과도 가장 좋다는 사실이다.

'티포탯 전략'은 세렌디피티를 추구하는 데에도 도움이 된다. 우리도 일단은 신뢰로 시작해 상대방이 배신하지 않는 한 계속 신뢰를 보내자. 단, 상대방이 배신하면 우리도 똑같이 응징하고, 상대방이 배신하다가도 돌아서면 바로 용서하고 다시 신뢰하는 것이다.

그런데 여기서 한 가지 더 생각할 것이 있다. 바로 커뮤니케이션의 가치다.

죄수의 딜레마에서 가장 중요한 장치는 서로 격리돼 있어서 의견을 교환할 수 없다는 점이다. 만약 이 두 죄수가 전화로 연락을 할 수 있었다면 서로 믿고 자백하지 말자고 약속함으로써 윈윈(win-win) 전략으로 상황을 쉽게 만들 수 있었을 것이다.

일상생활에서도 죄수의 딜레마와 비슷한 상황에 처하는 경우가 적지 않다. 그러나 우리는 다행히도 여러 가지 연락수단을 갖고 있어서 상대방과 커뮤니케이션을 할 수 있다. 그러므로 상대방을 신뢰하고 항상 긍정적인 관점에서 새로운 만남을 추구하며, 상대방이 나를 배신하지 않는 한 나도 상대방을 계속 신뢰하는 것이 세렌디피티를 기약하는 열쇠가 된다는 것을 잊지 말자. 신뢰 속에 맺은 관계는 새로운 비즈니스, 새로운 비즈니스 사고, 새로운 아이디어를 낳는 열쇠가 될 것이다.

CHAPTER

8

언어능력과 지적체력
비즈니스 사고력의 기본기를 다진다

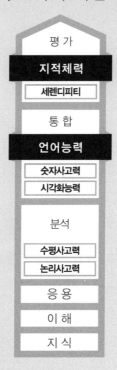

평가

지적체력

세렌디피티

통 합

언어능력

숫자사고력

시각화능력

분석

수평사고력

논리사고력

응 용

이 해

지 식

B U S I N E S S   T H I N K I N G

8

LANGUAGE CAPABILITY & MIND-BODY CORRELATION

비즈니스 사고력의 기초체력을 키워라

　지금까지 비즈니스 사고력을 높이는 5가지 전략을 살펴보았다. 비즈니스 사고를 다루기 전에 우리는 먼저 '지식→이해→응용→분석→통합→평가'로 이어지는 사고의 6단계 프로세스 중, 정규 교육과정에서 심도 있게 다루지 못한 '분석·통합·평가' 단계가 중요하다는 사실을 되새겼다. 그리고 이때 필요한 사고력으로 논리사고력·수평사고력·시각화능력·숫자사고력·세렌디피티의 특성과 의미, 각각의 사고력 테크닉 및 훈련방법을 알아보았다.

　이해를 돕기 위해 논리사고력과 수평사고력을 '분석' 단계에, 시각화능력과 숫자사고력을 '통합' 단계에, 세렌디피티를 '평가' 단계에 요구되는 사고능력이라고 분류해 설명했지만, 실제 비즈니스 현장에서는 모든 사고 단계와 사고법이 융합돼 쓰이므로 각 단계를 기계적으로 나누어 암기할 필요는 없을 것이다. 이미 수차례 강조했듯이, 시각 이미지와 숫자를 결합하는 등 다양한 사고법을 조합해 효과적으로 추론하고 아이디어를 떠올리고 커뮤니케이션하려는 노력이 훨씬 중요하다.

그런데 여기서 언급해야 할 것이 한 가지 있다. 바로 이 모든 비즈니스 사고력을 추진하기 위해 필요한 기초체력, 즉 기본 자질에 관한 것이다.

야구를 하든 농구를 하든 권투를 하든, 모든 스포츠는 기본적으로 유연성·지구력·심폐기능 등의 기초체력을 요구한다. 아무리 테크닉이 뛰어나더라도 기초체력이 약하면 경기를 끝까지 소화할 수 없을뿐더러, 잦은 부상에 시달리게 된다.

비즈니스 사고도 마찬가지다. 지금까지 다룬 다양한 사고력은 비즈니스 활동의 효과와 효율성을 높여주는 것이지, 그 자체로 비즈니스 사고를 완성하는 것은 아니다. 비즈니스 사고가 활발히 이루어지도록 우리 각자가 기초체력을 다져놓지 않는다면 이 모든 사고법은 수박 겉핥기식의 편협한 기술이 되고, 우리는 언제까지나 평균 수준에 멈춰 있을 수밖에 없다.

그렇다면 비즈니스 사고에 필요한 기본자질은 무엇이 있는가? 크게 언어능력과 지적체력을 들 수 있다. 언어능력은 자신의 생각을 정확하게 전달하고 공유하는 커뮤니케이션의 가장 근간이 되는 능력이고, 지적체력은 제대로 된 사고를 할 수 있는 몸과 마음의 여건을 만드는 것이다. 이 두 가지 기본자질이 없다면 활발한 사고활동을 할 수도, 사고내용을 공유하고 실행에 옮길 수도 없게 된다.

그러면 이제부터 언어능력과 지적체력의 기본 테크닉과 능력 수준을 높이기 위한 실천방법을 차례로 알아보자.

2

생각의 필터, 언어능력

언어능력은 시각화능력, 숫자사고력과 함께 '통합' 단계에서 중요한 역할을 한다. 그러나 언어능력이 비단 특정 단계에 한정될 능력이겠는가? 추상적인 아이디어를 언어로 구체화하고 사람들과 소통하는 능력은 비즈니스 사고력의 기본 중의 기본이라 할 수 있다.

나는 근시여서 콘택트렌즈나 안경을 쓰는데, 가만히 보면 언어라는 것이 이 안경과도 같다는 생각이 든다. 안경이 희미하게 보이는 우리의 시력을 교정해주듯이, 언어는 우리의 희미한 세계관에 필터 역할을 해서 초점을 맞춰주기 때문이다.

초점을 맞추는 곳은 상대방 자체일 수도 있고, 그 사람의 사고방식이나 공통된 추상적 개념일 수도 있다. 언어를 통해 그런 것들에 초점을 맞추고 나면 자연스럽게 우리 머릿속으로 사고할 수 있게 된다. 그러므로 생각한 것, 들은 것, 느낀 것, 경험한 것, 다른 사람에게 설명하고자 하는 것 모두를 언어로 표현하는 습관을 가져야 한다.

그런데 언어능력은 언뜻 간단한 듯 보이지만 사실은 매우 까다로운 존재다.

누구나 말은 할 줄 안다. 최소한 자기 모국어는 쓸 줄 안다. 그러나 진짜 자유자재로 말이 잘 통하는지 생각해보면 아마 꽤 어렵다고 느낄 것이다. 대화를 하면서도 서로의 머릿속에서는 각자 다른 그림을 그리고 있는 경우가 비즈니스 세계는 물론이요, 일상생활에서도 비일비재하다.

그러므로 언어를 쓸 때는 상대방이 전후 맥락(context) 속에서 그 단어가 어떤 것을 가리키는지 구체적으로 알 수 있도록 말해야 한다. 우선 내 말을 오차 없이 전달하기 위해 단어를 선별하고, 각 단어가 상대방에게 어떤 이미지를 상기시키고 어떤 영향을 줄지 미리 상상해 단어를 조합해야 한다. 이렇게 언어로 상대방의 체험을 재현하도록 하는 능력은 지속적인 훈련이 필요한, 대단히 고도의 기술이다.

언어능력의 기본 테크닉

그렇다면 언어능력에 요구되는 기본 테크닉은 무엇일까? 지금부터 알아보자.

언어능력의 첫 번째 테크닉은 '풍부한 어휘력'이다.

언어란 다른 사람의 경험을 추체험(追體驗)하기 위해 존재한다. 다른 사람의 경험은 그 사람이 언어라는 형태를 써서 설명해야만 알 수 있다. 그러므로 얼마나 많은 언어를 알고 그 의미를 파악해두는가에 따라 자신이 재생할 수 있는 경험의 범위가 달라진다. 우리가 다른 사람에게 자신의 경험을 설명할 때도 마찬가지다. 설명할 때 어휘가 풍부한 편이 당연히 좋을 것이다.

이때 단지 어휘가 많기만 해서는 안 된다. 커뮤니케이션에 사용되는 언어는 대부분 단어가 아니라 문장이므로, 단어를 모아 문장을 만들 때 어떤 단어를 골라 어떻게 배열해야 상대방이 잘 이해할까를 생각해야 한다. 그러니 사물을 논리적으로 생각하고 논리적으로 서술하는 연습을 게을리 해서는 안 된다.

여기에 오감을 자극하는 언어 또는 체험을 표현하는 언어를 써서 설명하면, 머리로 아는 것뿐 아니라 마음으로도 느끼게 할 수 있다.

세일즈 언어의 연금술사로 통하는 엘머 휠러(Elmer Wheeler)는 역사상 가장 유명한 세일즈 명언을 남긴 인물이기도 하다.

244

"스테이크를 팔지 말고 '시즐(sizzle)'을 팔아라!"

'시즐'은 스테이크를 구울 때 나는 '치이익, 지글지글' 하는 소리를 말한다. 즉 스테이크 자체보다는 스테이크 굽는 소리에서 연상되는 맛있는 기대감이나 행복했던 기억을 상기시키라는 뜻이다. 그 감각을 표현할 때 '시즐'이라는 한마디만 알고 있으면 설명하기도 편하고, 듣는 사람도 머릿속으로 '치이익, 지글지글' 하는 소리를 연상할 수 있다. 언어에는 이런 능력이 있기 때문에 하나하나 적절한 단어를 붙이다 보면 전달방법을 획기적으로 변화시킬 수 있다(물론 '시즐' 같은 외국어보다 누구나 아는 쉬운 단어를 조합하는 것이 가장 좋다).

언어능력의 두 번째 테크닉은 평소에 보고 듣고 느끼고 생각한 것들을 언어로 '표현'하는 것이다.

앞서 지적했듯이 어휘를 늘리는 첩경은 지식을 쌓고 자기 언어로 직접 표현하는 것이다. 마음속으로 반추하기, 수첩에 적기, 다른 사람에게 설명하기, 블로그에 남기기 등 어떤 방식이라도 좋다. 자신이 경험하고 있는 것, 실행하고 있는 것, 느낀 것들을 항상 언어로 표현하자.

대충 알겠다는 느낌만 갖고 있는 것과 실제로 언어로 표현하는 것은 그 깊이가 천지차이다. 우리가 별 생각 없이 당연히 알고 있다고 생각하는 것을 언어로 표현해보면 아마 절반이면 다행이고, 대부분 20~30% 정도밖에 나타낼 수 없을 것이다. 그만큼 다른 사람과 이야기하면서 언어를 직접 교환하는 일은 매우 중요하다.

시대적 흐름에 따라 블로그나 이메일을 활용하는 것도 좋지만, 기왕이면 입을 움직이고 몸을 써가면서 온몸으로 표현하는 훈련을 하자. 언어라는 것은 원래 음성을 기반으로 만들어진 것이어서, 직접 몸을 움직이는 것이 키보드를 두드리기만 하는 것보다 훨씬 효과가 좋다. 소형녹음기나 휴대폰에 틈틈이 떠오르는 생각을 녹음해두고, 작은 수첩을 갖고 다니는 것도 좋은 습관이다.

그렇게 내 속에 여러 단어들을 재산으로 차곡차곡 쌓아두면, 나중에 그 단어들을 토대로 다시 새로운 언어나 사고법을 생각해낼 수 있다.

언어능력의 세 번째 테크닉은 '비유'를 의식하는 것이다.

전달하거나 이해시키고 싶은 것이 새로운 개념이라면 아무리 설명해도 잘되지 않는다. 이럴 때는 이미 알고 있는 개념을 예로 들어 '당신이 알고 있는 그것과 같은 것이다'라고 설명하면 이해가기 쉬울 것이다.

우리는 언어를 매개로 의식적인 커뮤니케이션을 하고 있지만, 진짜로 커뮤니케이션하고자 하는 것은 흔히 '스키마(schema)'

등으로 표현되는, 상대방의 무의식 속에 있는 과거의 경험이다. 따라서 새로운 언어와 개념을 상대방의 마음속에 심어주고 생각을 부풀리기 위해서는 비유의 힘을 빌려 상대방의 배경지식을 자극해야 한다.

'주키니 호박'이라는 채소를 예로 들어보자. 혹시 처음 들어보는 이름인가? 그렇다면 더욱 잘됐다. 당신에게 내가 어떻게 설명하면 좋을까?

"주키니 호박은 애호박의 사촌뻘 되는 서양호박입니다."

어떤가, 머릿속에 퍼뜩 떠오르는 이미지가 있는가? 애호박을 모르는 사람은 거의 없기 때문에 이렇게 설명하면 금방 알아들을 수 있다. 여기에 애호박보다 크고 통통하기 때문에 '돼지호박'이라고도 한다고 한마디 덧붙이면 어떤 모양인지 금방 떠오르지 않을까?

말을 잘하는 사람은 대부분 비유를 잘 드는 사람이다. 따라서 이들의 화술을 참고하면 도움이 될 것이다. 문학작품 속에도 참고할 만한 표현이 많이 있다. 어떤 것이든 이른바 '언어의 프로'들의 작품을 접하면 언어에 대한 감각을 다지고 언어를 소중히 하는 마음을 가지게 될 것이다.

단, 비유를 할 때 주의할 것이 있다. 상대방이 내 비유를 듣고 전혀 다르게 해석할 수도 있다는 점이다.

앞서 말한 주키니 호박의 예를 다시 들어보겠다. 나는 머릿속으로 생각한 주키니의 모습을 묘사해 '주키니는 애호박보다 큰 돼지호박이다'라고 설명했는데, 듣는 사람은 '크다'와 '돼지'라는 단어를 듣고 청둥호박처럼 둥근 모양을 상상할 수도 있다. 실제로는 길쭉한 모양인데 말이다.

이것이 비유의 어려운 점이다. 아무리 입으로 설명한다 한들 사진보다는 못하기 때문이다. 물론 사진보다 더 좋은 것은 실제로 주키니를 보는 것이다.

비즈니스에서 상대방이 모르는 개념을 설명할 때는 우선 그 사람이 이미 알고 있는 것에 비유해 이미지화해야 한다. 그러나 그것만으로는 오해가 생길 수도 있기 때문에 시각화능력, 숫자 사고력을 이용해 설명을 보완하거나 실제로 체험할 수 있도록 하는 복합적 방법이 필요하다.

이때 설명과 체험의 순서가 뒤바뀌지 않도록 유의하자. 전혀 모르는 상황에서 갑자기 체험하는 것보다 먼저 주키니에 대해 설명한 다음에 보도록 하는 것이 훨씬 효과적이다. 즉 되도록 상대방의 마음속에 있는 인식의 장애물을 없애가면서 직접 체험하도록 하는 것이 요령이다.

CHAPTER 8

언어능력을 익히기 위한 실천방법

앞서 말한 3가지 기본 테크닉을 익히기 위해서는 구체적으로 어떻게 하면 될까?

가장 좋은 방법은 '독서'다. 독서를 하면 언어를 알게 되고, 그 말이 나타내는 저자의 세계관을 알게 된다. 즉 독서는 어휘의 이면에 있는 지식, 경험, 세계관, 가설 등을 알게 되는 과정이다. 그런 것들이 쌓여 다른 사람의 체험을 공유하고 새로운 지식을 익혀 새로운 사고를 자아내고, 다른 사람에게 설명할 수도 있게 된다.

독서라고 하면 흔히 당장 쓸모 있는 실질적인 것들을 손에 넣는 것이라고 생각하기 쉽지만, 반드시 그렇지만은 않다. 지금 당장 알고 싶은 것이 있어서 관련된 책을 찾아 읽는 것도 나쁘지 않지만, 궁극적으로는 다른 사람의 체험과 지식을 통해 세계관을 넓히고 새로운 사고를 하려는 태도로 읽어야 한다. 그러므로 실용적인 목적만 앞세우지 말고 개념적인 것을 배우겠다는 자세로 책을 대하도록 하자.

아울러 말하는 시간과 쓰는 시간을 물리적으로 늘리는 노력이 필요하다. 물론 과중한 업무에 치이다 보면 느긋하게 이야기하거나 문장을 쓸 시간을 내기가 힘들 것이다. 그에 비해 말하는 시간은 조금만 궁리하면 어렵지 않게 만들어낼 수 있다.

예를 들어 영업 전화 한 통을 걸어도 마지못해 하는 것과 하나하나 어떻게 말하면 상대방의 마음에 가 닿을지 생각하면서 전화하는 것은 전혀 다르다. 회의에서 프레젠테이션을 할 때, 직장 동료나 상사와 이야기할 때도 마찬가지다. 듣는 사람의 마음에 호소하는 말, 즉 상대방의 무의식을 자극해 과거의 경험을 떠올릴 수 있는 말을 선별해 이야기하는 것과 빈둥거리며 주절주절 떠드는 것은 같은 시간을 이야기하더라도 그 질이 전혀 다르다.

그러니 매일 매일이 프레젠테이션, 매일 매일이 생각을 정리하는 날이라고 생각하고 말하는 시간을 늘려나가자.

쓰는 시간도 마찬가지다. 나는 하루에 이메일을 약 40~50통 정도 쓰는데, 아마 많은 사람들이 비슷하리라 생각한다. 그 밖에 작성해야 할 사내문서도 부지기수다. 이것도 아무 생각 없이 쓰기보다는 새로운 것, 생각하고 있는 것, 다음에 나타내고자 하는 것, 상대방에게 호소하려는 것을 되도록 다양한 형식으로 만들어두자. 그런 다음 쓸 기회가 있을 때마다 적절한 항목을 선택하고, 때로는 프레임워크로 나타내보고 다른 말로도 바꿔보는 연습을 하자. 이렇게 많이 쓰면 쓸수록, 문서작성 시간의 효율성도 자연스럽게 높아진다. 이렇게 일상생활에서 말하고 쓰는 시간 전부를 트레이닝이라고 생각하는 것이 언어능력을 비약적으로 높이는 지름길이다.

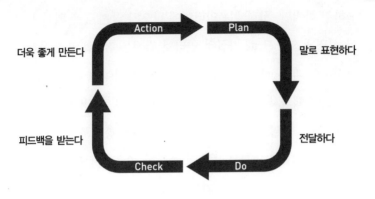

| 언어능력의 PDCA 사이클 |

쓰는 훈련을 하는 좋은 방법 중 하나는 블로그를 운영하는 것이다. 비즈니스 문서와 달리 자유료운 글쓰기가 가능한 공간인데다, 불특정다수의 '독자'에게 내 글을 선보이고 신속한 피드백까지 받을 수 있으니 언어능력 트레이닝으로 제격이다.

언어로 표현한다는 것은 결국 자신이 체험하고 생각한 것들을 다른 사람에게 말로 전하고, 그것에 대한 피드백을 받는 일을 반복하는 것이다. 즉 PDCA(Plan-Do-Check-Action) 사이클을 빙글빙글 도는 것이다.

마지막으로 '사전'을 찾는 습관을 당부하고 싶다. 모르는 단어는 물론이고, 일단 알고는 있지만 용법이 애매한 단어가 생기면 그 즉시 사전을 찾아보자. 인터넷으로 검색하는 편이 확실히 편하긴 하지만, 사전에는 인터넷에 나오지 않는 깊은 의미가 많이 설명돼 있으므로, 가급적 인터넷 검색은 참고로만 활용하고 사전과 백과사전을 찾아 양쪽을 비교하는 것이 좋다.

평소에 백과사전을 습관적으로 찾아보고, 단지 용어를 확인하는 데 그치지 말고 유사어도 찾아보면 매우 흥미로운 사전투어가 될 것이다. 그러므로 내용이 풍부한 좋은 사전을 마련해 단어를 '탐색'하고 언어를 즐기는 습관을 들이도록 하자.

사고 활동을 가능케 하는 지적체력

지적체력이란 무엇일까? 한마디로 '사고력을 뒷받침하는 몸과 마음의 관계'라 할 수 있다. 최근 뇌과학 연구자들은 기존의 지능검사에서 중요시했던 언어적 지능과 논리적 지능 외에 신체운동적 지능·음악적 지능 등 다른 영역의 지능도 매우 중요하며, 이 모든 지능은 서로 밀접히 연관돼 있다는 사실을 밝혀냈다.

예를 들어 숫자·언어를 생각하는 뇌와 운동을 관장하는 뇌는 매우 가까이 있어서, 몸이 운동하거나 진정하는 것에 따라 사고력도 달라진다고 한다. 신체운동적 지능과 언어적 지능, 논리수학적 지능이 서로 밀접히 연관돼 있다는 뜻이다.

그러므로 자신의 사고력을 최대한 발휘하려면 무엇보다 몸과 마음을 건강하게 보살펴야 한다. 몸과 마음이 건강한 상태에서 안정을 유지해야 어느 한쪽으로 치우치지 않고 판단해서 솔직한 마음으로 호불호(好不好)를 인정하고 행동으로 옮길 수 있기 때문이다.

그렇다면 어떻게 지적체력을 익히고 단련할 수 있을까? 기본 테크닉과 실천방법에 대해 간략히 살펴보겠다.

지적체력의 3가지 기본 테크닉

지적체력을 향상시키는 기본 테크닉은 다음 3가지다.

첫째, 몸과 머리의 관계를 이해한다.

'사고'라고 하면 흔히 머릿속으로 생각하는 것에만 초점을 맞추기 쉽지만, 사고는 오감 전체, 몸 전체로 하는 것이다. 누구나 경험했겠지만 수면부족 상태에서는 쓸 만한 생각이 떠오르지 않고, 운동부족이어도 좀처럼 좋은 생각이 떠오르지 않는다.

반대로 몸을 단련하고 충분한 휴식을 취하고 좋은 음식을 먹으면 입력된 정보들이 자는 동안 자동적으로 정리되고 통합되면서 좋은 아이디어가 떠오르게 된다. 당신도 이런 경험이 한번쯤 있지 않은가?

그러므로 열심히 머리를 단련하듯, 몸을 단련하는 것도 중요하다. 몸을 단련하기 위해 운동을 시작하는 것도 좋지만, 그보다 더 중요한 것은 평소에 몸을 아끼고 신체감각을 갈고닦는 것이다.

가령 어떤 새로운 비즈니스 아이디어를 찾고 있다고 치자. 이럴 때 보통은 관련 자료를 뒤지며 맹렬히 정보나 데이터를 수집하고, 숫자와 언어로 생각하려고 애쓴다. 그러나 그보다 먼저 새로운 아이디어가 떠오를 것 같은 장소에 가보고 새로운 아이디어의 재료가 될 만한 것들을 실제로 보고 만져보는 것이 더 효과적일 때가 많다. 아니면 일단 여러 가지 아이디어를 머릿속에 잔뜩 집어넣고 다른 사람과 이야기하면서 정보를 모은 다음 멍하니 3일 정도 묵혀둔다. 진짜 뛰어난 아이디어는 책상에서가 아니라 이렇게 세상과 부딪치는 과정에서 나오는 경우가 많다.

흔히 머리로는 알고 있지만 몸이 움직이지 않는다고들 말한다. 머리로 알고만 있는 정도로 몸은 절대로 움직이지 않도록 만들어졌기 때문이다. 머리가 생각한 것을 일일이 다 실행하면 생명보존 차원에서도 위험하다. 진심으로 납득하고 몸 전체로 그것이 옳다는 것을 이해하지 않으면 몸은 움직이지 않는다.

몸과 마음의 일체화를 이해할 수 있게 되면 실제로 어떤 생각을 유도하고자 할 때 다음과 같은 사이클을 반복하게 될 것이다. 우선 몸을 움직여 눈으로 보고, 냄새를 맡고, 감촉을 느끼고, 귀로 들어보고 나서 그 생각을 다른 사람에게 말하고, 문자로 표현해보고, 종이 위에 정리해보고, 다시 생각하고, 호흡하고, 일단 쉬고, 다시 생각하는 것이다. 이런 과정을 반복하면서 사고를 진전시킬 수 있다.

둘째, 건강한 정신이 건강한 발상을 낳는다는 사실을 기억한다.

새로운 발상을 얻기 위해서는 정신과 육체를 건강한 상태로 만들어놓아야 한다. 정신적으로 안정되지 않으면 근거도 없는 혼란스러운 발상이나 편협한 사고를 하기 쉽다.

건강한 몸과 정신은 비판에 대한 면역력도 길러준다. 다른 사람에게 비판받거나 주의를 들을 때도 자신이 침착한 상태라면 기꺼이 수긍하고 유연하게 받아들일 수 있지만, 궁지에 몰리거나 초조할 때 그런 말을 들으면 감정적으로 해석하게 된다.

즉 지적체력에서 말하는 체력은 육체적인 체력뿐 아니라 정신적인 체력을 포함한 의미로서, 몸과 정신을 모두 건전하게 유지할 필요가 있다는 뜻이다.

'이거 괜찮은데' 하고 생각되는 것이 있어도, 몸과 마음이 피폐하면 실행에 옮길 엄두를 내기 어렵다. 그럴 때는 한번 아무것도 하지 말고 하루 이틀 휴식을 취해보자. 그러면 힘이 부글부글 끓어오르면서 당장 뭔가 하지 않으면 기분이 나빠질 정도로 안절부절못하게 된다. 그것이 우리의 신체구조다.

우리는 비즈니스건 어떤 것이건 항상 한정된 정보 속에서 사고할 수밖에 없다. 한정된 정보의 공백을 메워주는 것이 비즈니스 사고력이고, 그것을 가능케 하는 것이 육체적·정신적 건강함이다. 당신의 몸과 정신이 건강하다면 한정된 정보 속에서도 너끈히 새로운 아이디어를 낼 수 있을 것이다.

셋째, 환경과 지력의 관계를 이해한다.

외부환경 또한 지적생산성에 큰 영향을 끼친다. 예를 들어 비좁은 장소, 더운 방, 시끄러운 환경에서는 좀처럼 집중하기 어렵다. 머리회전은 오감과 연관돼 있기 때문이다. 기분 좋고 쾌적한 환경을 만드는 것도 사고력을 높이기 위해 잊지 말아야 할 것들 중 하나다.

아울러 음식에도 정성을 기울이자. 종종 머리가 좋아지는 음식이 화제가 되는 경우가 있다. 머리와 몸은 연결되어 있으므로 당연히 몸에 좋은 것을 먹는 편이 머리에도 좋을 것이다. 그런데 어찌된 일인지 우리는 카페인, 니코틴, 알코올, 단 음식 등 몸에 해로운 것에 점점 더 빠져드는 것 같다.

음식이 지력에 큰 영향을 준다는 사실을 받아들이면 평소 작은 행동에도 변화가 일어나게 된다. 예를 들어 아이디어를 생각할 때는 담배부터 찾는 게 아니라 채소와 과일을 챙겨먹을 것이고, 백미보다는 현미를 먹으려고 노력할 것이다.

지적체력을 익히기 위한 실천방법

그러면 지적체력을 높이는 데 효과적인 방법은 무엇이 있을까?

먼저 '브레인짐(brain gym)'이라는 체조를 권하고 싶다. 조금 생소하게 들릴 수도 있는 이 체조는 미국의 교육학자인 폴 데니슨(Paul Dennison) 박사가 뇌기능을 전체적으로 활성화하기 위해 창안한 것으로, 간단하면서도 단기간에 활기를 띠게 하는 몸동작이다.

브레인짐 체조는 크게 3단계로 이루어진다. 첫째, 팔을 앞으로 뻗어 천천히 무한대 모양(∞)을 그리거나 머릿속으로 'X'자를 생각하는 등 좌뇌와 우뇌의 활동을 활성화하도록 몸을 교차시키는 동작이다. 둘째, 팔을 뻗고 발목을 구부렸다 펴는 등 뇌의 앞부분과 뒷부분의 긴장을 풀고 집중력을 높이는 동작이다. 셋째, 이마 양쪽을 누르고, 귀의 말린 부분을 펴는 등 뇌와 몸 사이의 신경조직 연결을 강화시켜 뇌기능을 활성화하는 동작이다.

이런 간단한 동작만으로도 뇌가 활성화되는 놀라운 느낌을 받을 수 있다. 실제로 브레임짐 체조를 하면서부터 학습효과가 좋아졌다는 연구결과도 나와 있다. 그러니 새로운 발상이 필요할 때 직장에서도 잠깐씩 브레인짐 체조를 한 다음 다시 일을 하면 매우 효과적일 것이다.

다음으로 추천하고 싶은 실천방법은 시각 이외의 감각능력인 청각·촉각·미각·후각을 단련하는 것이다. 우리가 평소 받아들이는 정보의 약 80%를 시각에 의존한다는 사실은 이미 여러 실험에서 밝혀진 바 있다. 그러다 보니 정보습득시 다른 감각은 상대적으로 등한시하는 경향도 없지 않다.

시각 이외의 감각을 적극적으로 활용하면 감각이 예민해져 인지능력을 높일 수 있다. 그러니 평소에 정보를 수집할 때 기분 좋은 느낌, 좋은 냄새같이 다양한 감각기관으로부터 얻은 정보도 중요하게 받아들이자. 물론 감각기관을 예민하게 단련시키는 노력도 틈틈이 해야 할 것이다.

음식재료 본연의 맛을 추구하고 인스턴트 식품을 멀리하는 것은 미각을 되찾는 첫걸음이다. 아울러 상대방의 분위기를 그 사람의 체취에서 알아차리는 연습을 하는 것도 좋다. 착용감이 좋은 옷을 입거나 음악을 듣고, 오디오북을 활용하는 것도 두뇌를 활성화하는 데 효과가 있다.

한발 더 나아가 음식의 맛을 풍경으로 묘사하거나, 숫자의 색깔을 말하는 등 공감각적 표현을 동원하면 감각이 연동하면서 새로운 아이디어, 새로운 사고가 탄생할 수 있다. 혼자서 어떤 것을 생각하거나 다른 사람에게 아이디어를 전달할 때 오감이 하모니를 이루며 대활약하는 모습을 상상해보는 것은 어떨까.

지적체력을 위한 또 다른 실천방법으로 불교에서 말하는 '삼독(三毒)'을 추방하는 것이 있다.

삼독이란 깨달음에 장애가 되는 세 가지 번뇌, 즉 탐욕〔貪〕·질투〔瞋〕·어리석음〔痴〕을 말한다. 나도 2001년부터 사무실 책상 앞에 '삼독추방'이라는 문구를 붙여놓고 실천해보았는데, 깨달음을 얻었는지 어떤지는 둘째 치고 일단 사고하는 데 매우 큰 효과를 보았다.

그 이유는 간단하다. 탐욕·질투·어리석음은 모두 부정적인 생각이기 때문에 그만큼 몸도 머리도 상할 수밖에 없다. 그에 반해 삼독을 추방한다는 것은 '탐욕을 부리지 않으려면 어떻게 하면 좋을까', '시샘하지 않으려면 어떻게 하면 좋을까', '어리석게 행동하지 않으려면 어떻게 해야 할까'를 생각하는 것이다. 그러면서 자연히 긍정적으로 생각하게 된다.

삼독을 추방한다는 것은 그 자체가 목적이라기보다는 삼독 때문에 몸속에 돌고 있는 부정적 사고를 바르게 잡아주는 데 의미가 있다. 일단 부정적 사고의 연쇄고리를 끊고 나면 긍정적이고 발전적으로 생각하는 새로운 사이클이 만들어질 것이다. 그러니 당신도 나처럼 '삼독추방'을 써 붙여놓고 실천해보기 바란다.

지적체력을 단련하기 위한 마지막 습관은 몸에 좋은 것을 중심으로 생활하는 것이다.

이는 물리적으로 몸에 나쁜 것뿐 아니라 정신적으로도 몸에 해로운 것을 피하라는 뜻이다. 즉 되도록 억지로 참지 않고 기분 좋게 살 수 있도록 인생설계를 하는 것이다.

아무리 노력해도 잘 맞지 않는 사람과 무리하게 사귀고 있지는 않은가? 누구나 어떻게 해도 맞지 않는 사람이 꼭 있다. 그 사람이 좋은 사람이든 나쁜 사람이든, 그건 별개 문제다. 그런 사람과 가까이 하면 결국 자신을 책망하게 되고, 몸과 마음에 상처만 입는다.

그러니 일정한 기준을 세우고 내가 무리하지 않으면 사귈 수 없는 사람이라는 판단이 서면 만나지 않는 것도 한 방책이다. 그리고 함께 있으면 기분 좋은 사람, 표리부동하지 않은 사람, 욕하지 않는 사람, 말한 것은 꼭 지키는 사람, 성실한 사람들과의 관계를 중심으로 생활하도록 하자.

신체와 머리에 과도한 부담을 주는 것은 어떻게든 하나라도 더 없애야 한다. 그런 것들을 없애면 없앨수록 몸과 마음을 쉽게 정화시킬 수 있다.

자신이 기분 좋은 것들에 둘러싸여 사는 것을 목표로, 하루에 한 개라도 좋으니 당신 주변을 조금씩 바꿔보자. 그것은 옷일 수도 있고, 집일 수도 있다. 또한 인간관계일 수도 있고, 음식일 수도 있으며, 업무방식일 수도 있다. 그리고 그렇게 정화된 몸과 머리로 새로운 사고를 통합하고 평가하고 활용하도록 하자.

냉철하고 열정적인 문제해결자로 거듭나라

이로써 비즈니스 사고에 필요한 5가지 사고력과 두 가지 기초
체력을 모두 살펴보았다.

이 책에서는 비즈니스 두뇌, 비즈니스 사고법 등 '비즈니스'
라는 단어를 많이 사용하고 있지만, 기본적으로는 일상생활에
도움이 되는 것, 다른 사람보다 한발 앞서나가기 위해 필요한 사
고법들이다.

세렌디피티를 설명하면서 언급한 일본장기 기사와 이야기하
면서, 나는 오랫동안 의문으로 남았던 점을 다시 생각하게 되었
다. '하부 요시하루 같은 천재명인은 어느 순간이 지나면 왜 더
뛰어난 명인이 되지 못하는 것일까?'

가장 큰 이유는 쉽게 예상할 수 있듯이 주변에서 그 명인의 실
력을 따라잡기 때문이라고 한다. 어떤 천재라도, 어떤 명인이라
도 계속 노력하지 않으면 추격자들에게 따라잡히고 만다. 언제
까지나 일인자로 남기 위해서는 남들에게 따라잡히기 전에 자

신이 더욱 정진하고 새로운 것을 추구하는 것 외에 방법이 없다.

그렇다고는 해도 후배들에게 쫓기듯이 허겁지겁 달리면 인생이 전혀 즐겁지 않다. 그 대신 이 책에 설명했듯이 새로운 것을 알고 새로운 사고를 하면서 지금까지 보지 못했던 것을 발견해내면 매순간이 설레고 즐거운 성취의 여정이 될 것이다.

이렇게 설레는 마음으로 새로운 것을 새로운 시각으로 새로이 배우는 것이 비즈니스 사고력의 에센스다. 선배들의 뛰어난 사고법을 배우면서 자신만의 새로운 사고의 틀을 발견하고, 거기에 세렌디피티가 생겨나 주위 사람들과 교감하고, 그것이 다시 새로운 기쁨으로 이어지는 선순환을 만드는 것이 비즈니스 사고력의 진수가 아닌가 생각한다.

부디 한 사람이라도 많이 이 사고력을 활용해 새로운 세계를 찾아내기를 바란다. 나 자신도 여전히 미흡해서 새로 익혀야 할 것들이 많다고 생각한다. 그러므로 앞으로 5년, 10년 후 보다 탁월한 비즈니스 사고력 안내서를 낼 수 있도록 당신과 함께 계속 공부하고자 한다.

지금까지 읽어주신 분들께 머리 숙여 감사의 인사를 드린다.

BUSINESS THINKING